Steffen Andreas Blask

Gebets-Erhörung

Was zu tun ist, damit getan werden kann

Neuauflage Herbst 2022

Impressum:
Bibliografische Information der Deutschen Nationalbibliothek: Die Deutsche Nationalbibliothek verzeichnet diese Publikation in der Deutschen Nationalbibliographie, detaillierte bibliographische Daten sind im Internet über dnb.dnb.de abrufbar.

© 2022 Steffen Andreas Blask, Kontakt: sabcpfl@t-online.de

Herstellung und Verlag: BoD – Books on Demand, Norderstedt

Neuauflage Herbst 2022

ISBN: 978-375-620-270-6

Umschlaggestaltung, Grafik: Grisha Bruev/ Radu Bercan/ Lyonstock/ Shutterstock.com + Autor

Erhörung

Gewidmet meiner Mutter, ohne deren großartige Hilfe weder dieses Buch, noch meine beruflichen Ziele hätten realisiert werden können.

Erhörung

Über den Autor

Nach vielen Jahren Arbeit als examinierter Altenpfleger musste und wollte ich aus diesem Beruf aussteigen. Ich musste es, denn ich hätte diesen Job kräftemäßig nicht mehr geschafft. Ich wollte es, weil ich immer weniger berufliche Erfüllung fand. Natürlich ist und bleibt es schön, Geld zu verdienen, und gleichzeitig anderen Menschen helfen zu können. Aber viele Pflegekräfte würden kaum widersprechen, wenn man die Arbeitsbedingungen als „sklavenartig" bezeichnen würde.

Quelle: Autor

So absolvierte ich, verheiratet und Vater zweier Kinder, zunächst ein Fernstudium zum Diplom-Pflegewirt, was dann auch schließlich abgeschlossen werden konnte. Aber bereits während des Studiums wurde mir klar, dass das Hauptproblem der Pflege ihre Ökonomisierung ist. Diese Ökonomisierung sehe ich sehr kritisch, was ich deshalb auch in meiner Diplomarbeit intensiv behandelt habe. Und mir wurde weiter klar, dass ich als Pflegemanager zu einem der Protagonisten bei der Umsetzung genau dieser marktwirtschaftlichen Prinzipien in Pflegeeinrichtungen werden würde. Deshalb entschloss ich mich zu dem Wagnis, komplett auszusteigen. Ein Wagnis deshalb, weil eine Rückkehr in die Pflege schwerlich möglich sein würde und über einem Neuanfang von Anfang an das Damoklesschwert der finanziellen Machbarkeit schwebte. Diese schwierige Situation brachte mich, selbst gläubiger Christ, darauf, mich sehr intensiv mit den zu erfüllenden Voraussetzungen zu beschäftigen, damit unser Herr Jesus helfen kann, wenn ER es denn will und auf die Idee zum vorliegenden Buch, um auch anderen Menschen diesen Weg zu eröffnen! Wie bin ich zum Glauben gekommen? Ich bin nicht besonders christlich aufgewachsen. Das

Erhörung

Christsein in unserer Familie beschränkte sich über viele Jahre auf den weihnachtlichen Gottesdienstbesuch in der Kirche. Als mein Vater in den 80er Jahren schwer erkrankte, er war 49 Jahre alt, wenige Monate vor meinen Abiturprüfungen und auch noch mein Onkel mit 50 Jahren starb, begann ich mich zunächst mit Esoterik zu beschäftigen, was jedoch in einem ziemlichen Chaos endete. Ich brach ein Studium ab und wurde in den 90er Jahren examinierter Altenpfleger. In der Altenpflege lernte ich dann eine sehr strenge christliche Glaubensrichtung kennen, die, auch wenn es nicht so genannt wurde, möglicherweise den Bereichen des „Calvinismus" oder „Pietismus" u. ä. zugeordnet werden kann. Doch ich erkannte, dass es problematisch ist, wenn man nur auf Regeln zur äußeren Lebensführung fokussiert und dazu kommt es ja zwangsläufig, wenn man den inneren Weg ablehnt. Mir wurde allmählich immer klarer, dass zur „Glaubensmedaille" eben beide Seiten zusammengehören: Äußere Lebensführung und innerer Weg! So habe ich es in den letzten 5 Jahren beim Schreiben dieses Buches als meine Aufgabe angesehen, diese beiden Seiten zu versöhnen, wobei ich im Buch den Schwerpunkt auf den inneren Weg gelegt habe, weil der besonders in christlichen Kreisen zumindest vernachlässigt, wenn nicht gar ganz abgelehnt wird.

Inhaltsverzeichnis

1 Vorwort...11

2 Grundlagen 14

  2.1 NT: Das Fundament 14

    2.1.1 Vollständigkeit und Übersetzungsproblematik....... 14

    2.1.2 Vergleichsmaßstab...15

    2.1.3 Gibt es einen Vergleichsmaßstab für das NT?......15

    2.1.4 Weiteres Problem: Auslegung 16

    2.1.5 Braucht man einen Lehrer? 17

  2.2 Gossweiler..21

    2.2.1 Grundlagen im Glaubensleben 21

    2.2.2 Kritik 23

  2.3 Tolle 26

    2.3.1 Funktionen von Gegenwärtigkeit.........................27

    2.3.2 Notwendiges Denken und Gegenwärtigkeit 34

  2.4 Dürckheim 37

    2.4.1 Christsein und Zen...37

    2.4.2 Hara 41

    2.4.3 Zazen 43

3 Gott – Dreiheit - Wille 47

  3.1 Gibt es Gott? 47

    3.1.1 Kann man die Existenz Gottes beweisen?...........47

    3.1.2 Ist die Existenz Gottes mit der sichtbaren Schöpfung zu beweisen?...51

    3.1.3 Zeit und Schöpfung..55

3.2   Dreiheiten.. 56

3.2.1   Göttliche Dreifaltigkeit: Gott Vater – Jesus Christus – Heiliger Geist.. 56

3.2.2   Menschliche „Dreiheit": Leib – Seele - Geist......... 60

3.3   Hat der Mensch einen freien Willen?.................... 64

3.3.1   Verschränkte Wirklichkeiten 67

4   Erhörung 69

4.1   Engste Verbindung.. 71

4.1.1   Taufe.. 71

4.1.2   Was heißt ‚glauben' im Sinne der Bibel? 73

4.2   Beten 78

4.2.1   Form 80

4.2.2   Zum Inhalt 81

4.2.3   Beharrlichkeit 86

4.3   Zubereitung.. 87

4.3.1   Zubereitung durch Worte und Bilder.................... 90

4.3.1.1   Richtiges Denken versus positives Denken...... 90

4.3.1.2   Speziell zum positiven Denken........................ 94

4.3.2.   Zubereitung durch Wissen und Erfahrung 99

4.3.3   Ein besonderes Gebot....................................... 102

4.4   Zazen/Gegenwärtigkeit 106

4.4.1   Bedeutung.. 106

4.4.2   Technik 106

4.4.3   Geisteshaltung 108

4.5 Taten/Werke.. 109

Erhörung

4.5.1   Allgemeine Taten/Werke...................................109

4.5.2   Spezielle Taten/Werke....................................111

5   Nachwort..116

Literaturverzeichnis 122

1 Vorwort

Bei vielen Menschen besteht das Leben nur aus Arbeiten, Essen und Schlafen, dazu ein paar Vergnügungen und ihre einzige Sorge im Alter ist die Höhe der Rente. Wer denkt schon an die Zubereitung für die Zeit danach? Bei Ihnen, meine lieben Leserinnen und Leser, ist das offensichtlich nicht der Fall, denn sonst hätten Sie nicht zu diesem Buch gegriffen.

Ich stelle in diesem Buch Teile der Lehren von Persönlichkeiten, sowie die eine oder andere Methode vor. Natürlich gibt es auch andere große Gottesmänner neben Gossweiler und es gibt neben Dürckheim auch noch weitere Zen-Meister. Und natürlich ist Tolle nicht der Einzige, der sich mit dem „Jetzt" beschäftigt. Auch gibt es neben „Zazen" natürlich andere Meditationsmethoden und neben dem „Kleinen Energiekreislauf" z.b. die sog. „Chakrenarbeit". Ich denke aber, dass die hier ausgewählten Personen und Methoden herausragende Vertreter des jeweils angesprochenen Gebietes sind. Doch in diesem Buch geht es nicht in erster Linie um die Einzelelemente, zu denen es natürlich jeweils viele Bücher gibt. Die Bedeutung meines Buches liegt in dem hier entwickelten Gesamtschema! Ich hätte mir selbst in den 80er Jahren gewünscht, dass mich jemand an die Hand nimmt, um mich durch den Wust an Methoden und Lehren zu führen, mit denen man im esoterisch-spirituellen Bereich konfrontiert wird, wenn man beginnt, sich mit diesen Themen zu beschäftigen. Was ist wichtig und gut, was unwichtig, gar gefährlich? Wie gehört was zusammen? Was ergänzt sich notwendig, wie Puzzleteile? Deshalb möchte ich nun selbst mit meinem Buch meine Leserinnen und Leser an die Hand nehmen und ihnen etwas Orientierung bieten. Dabei ist natürlich völlig klar, dass ich nur Hilfestellung leisten kann. Jeder muss diesen Weg selbst beschreiten.

Erhörung

Wäre es nicht besser gar keine Wünsche zu haben, „Wunschlosigkeit" zu praktizieren? Wie anhand der genannten Grundbedürfnisse erkennbar, ist das nicht möglich. Solange wir in dieser materiellen Welt leben, braucht es gewisse Dinge, deren Fehlen dann zu einem Gebetswunsch wird. Außerdem weiß Jesus zwar, was uns fehlt (Mt.6,8), was ER aber nicht weiß ist, was wir wirklich wollen. Man denke an eine erkrankte Altenpflegerin. Will die wirklich schnell wieder gesund werden oder genießt sie nicht geradezu die Auszeit von den Strapazen ihres Berufsalltags? Man sollte also durchaus seinen Willen artikulieren. Der Ausdruck, dass man ohne Ziel irgendwo ankommt wohin man gar nicht wollte, weist auf Menschen hin, die vermeintlich ziellos durchs Leben gehen und eben doch Wünsche haben, die sie so natürlich nicht erreichen. Also keine „Wunschlosigkeit"? „Wunschlosigkeit", richtig verstanden, meint ein „vertrauensvolles Abwarten" auf Hilfe von Jesus in einer Notlage, ohne dass wir etwas Spezielles erwarten, wünschen, es meint damit ein „Schaffen von Raum", wo Jesus wirken kann, wenn wir uns ganz zurücknehmen und einfach „zulassen". In diesem Sinne ist „Wunschlosigkeit" nicht unwichtig, ja geradezu Bestandteil von Wünschen. Dann kann das Leben für uns arbeiten, wie es Tolle sagt. Es ist aber völlig klar, dass wir erstmal auch Ziele formulieren, dass wir mit unserem freien Willen klare Entscheidungen (1.Kö.18,21, 5.Mo.30,15) treffen müssen, denn wer nicht bittet, empfängt auch nicht (vgl. Mt.7,7).

Manche Menschen beantworten die Frage „Wie geht es euch?" mit den Worten: „Uns geht es gut, wir haben zu essen, zu trinken, Kleidung, ein Dach überm Kopf und sind gesund!" Eine solche Sichtweise ist natürlich schon besser, als ständig unzufrieden zu sein aber ist das wirklich schon das „gute Leben"? Oder ist es nicht erstmal nur die Grundvoraussetzung für das „gute Leben"? Es ist natürlich nicht schon das „gute Leben" selbst, denn dann wäre der Mensch dem Tiere gleich. Auch ein Fuchs braucht eine Höhle und was zu fressen! Eine Existenzgrundlage zu haben, bedeutet also nicht gleich, ein „gutes Leben" zu haben. Was ist aber ein „gutes Leben"? Bei dieser Frage geht es um nicht weniger, als darum, was eigentlich der Sinn des Lebens ist. Und so viel vorweg: Der Sinn des Lebens besteht keineswegs nur in der Erfüllung und Befriedigung ungezählter Wünsche. Es geht immer um die Integration unserer Wünsche in den Sinn unseres Daseins. Es gibt allerdings Lebensgrundlagen die eigentlich immer und sofort erfüllt werden. So braucht jeder Mensch ein Dach über dem Kopf, Kleidung und etwas zu essen. Diese Art von Wünschen wird eigentlich immer und sofort erfüllt. Eigentlich, denn oft bleibt eine Gebetserhörung scheinbar aus.

Dieses Buch vermittelt Ihnen alles, was Sie brauchen, damit Ihre Gebete Erhörung finden können. Über die Hilfe entscheidet Jesus natürlich allein aber wir dürfen wissen, dass Jesus die Seinen nie im Stich lässt!

Freuen Sie sich, dass Sie dieses Buch gefunden haben. Man findet es nämlich nicht so leicht, denn es lässt sich nicht einer der klassischen Kategorien in Buchhandlungen zuordnen.

Vielen Christen wird es zu esoterisch sein. Vielen Esoterikern wird es zu sehr um die biblische Person Jesus Christus gehen. Vielen Kirchenchristen wird es zu wenig um Ge- und Verbote zur „äußeren Lebensführung" gehen, während es für diejenigen, die sich fast ausschließlich dem „inneren Weg" zuwenden, vielleicht schon wieder zu viele Regeln sind. Und dann gibt es Menschen, die sich entweder fest auf die Seite der Ratio oder auf die Seite des Glaubens gestellt haben und die jeweils andere Seite ablehnen, anstatt beide Seiten zusammen zu denken.

Dieses Buch sitzt also zwischen allen Stühlen - aber manchmal ist das der beste Platz!

2 Grundlagen

Es kann hier nicht der jahrzehntelange Weg nachgezeichnet werden, der letztlich zu der Erkenntnis führte, dass die Bibel, insbesondere das Neue Testament (NT), die absolut beste Grundlage darstellt, das aber, die Leserin/ der Leser mag zu diesem Zeitpunkt überrascht sein, Dürkheim, Tolle und Gossweiler sehr hilfreiche Ergänzungen sind. „Ergänzung" im Sinne von „Interpretationshilfe", natürlich nicht im Sinne der Ergänzung der biblischen Botschaft! Die Bibel braucht und darf nicht ergänzt werden! Die genannten drei Autoren ergänzen sich wie Puzzleteile. Zwischen diesen Autoren und der Bibel, v.a. dem Neuen Testament (NT), möchte ich noch Laotse, die Bhagavad Gita und Meister Eckhart nennen. Die vom Autor verwendeten Quellen sind im Literaturverzeichnis aufgeführt. Sie sind der Leserin/ dem Leser nicht nur als Quellennachweis, sondern auch für eigenes Forschen empfohlen.

2.1 NT: Das Fundament

2.1.1 Vollständigkeit und Übersetzungsproblematik

Wie gesagt, das Neue Testament (NT) stellt die absolut beste Grundlage dar, denn bereits das Alte Testament (AT) ist mit den Augen des NT zu lesen. Das NT enthält nicht bloß das Gotteswort, sondern es ist Gotteswort. Felsenfest bin ich davon überzeugt, dass das NT alles enthält, was man für das spirituelle Fundament im Leben benötigt, welches aus einem Leben ein gelingendes Leben macht. Niemals glaube ich, dass, wie es gelegentlich kolportiert wird, über die Jahrhunderte Passagen aus der Schrift herausgestrichen wurden. Wäre dem so, wäre die jetzige Generation eine Generation von Verlorenen, ohne Chance auf Rettung. Hier hat sicher Jesus Christus seine schützende Hand über das Wort gehalten. Lies es regelmäßig! Zu beachten ist natürlich, dass es problematische Übersetzungen gibt. Je freier die Übersetzung, umso mehr vermengen sich Übersetzung und Interpretation. Gute Übersetzungen sind die Menge-Bibel oder Luther-Übersetzungen, solange hier nicht zu viel revidiert wurde. Gut auch, wenn man verschiedene Übersetzungen vergleichend heranzieht. Jedenfalls spricht mir der Verfasser des folgenden Gedichts aus dem Herzen:

„Herr Dein Wort die edle Gabe, dieses Gold erhalte mir,
denn ich zieh' es aller Habe und dem größten Reichtum für!
Wenn Dein Wort nicht mehr soll gelten, worauf soll mein Glaube
ruhn?
Mir ist's nicht um 1000 Welten, aber um Dein Wort zu tun!"
(Nikolaus Graf von Zinzendorf, 1725)

2.1.2 Vergleichsmaßstab

Ohne das Bibelwort ist man der Versuchung, „Sollte Gott gesagt haben…", hilflos ausgeliefert. Die drei Autoren (genauer die Elemente derselben, die ich verwendet habe) wurden selbstverständlich anhand der Bibel geprüft. Man braucht einen Maßstab. Ohne einen Maßstab, kann man nichts beurteilen. Es ist wie mit der Körpergröße. Letztlich kann man gar nicht sagen wie groß ein Mensch ist, wenn man nicht einen Vergleichsmaßstab hat, in diesem Fall ein Metermaß. Man kann „Größe" nur vergleichen, sei es mit anderen Menschen oder eben mit einem Vergleichs-Metermaßstab.

2.1.3 Gibt es einen Vergleichsmaßstab für das NT?

Nein. Man müsste ja einen übergeordneten Maßstab haben, der selbst wiederum zu beweisen wäre. So kommt es häufig zu einem sogenannten „Circulus vitiosus" bei der Beweisführung. Man versucht die Bibel durch die Bibel zu beweisen. Das ist aber keine wissenschaftliche Beweisführung und dürfte einen Kritiker nicht überzeugen. Doch es gibt einen „Beweis": Erfahrungen. Welche Erfahrungen hat wohl der Leser/ die Leserin mit der Bibel gemacht? Erst in dem Zusammenspiel von Gotteswort und Erfahrungen im äußeren Leben und auf dem inneren Weg erschließt sich uns die Bibel immer mehr. Wer den inneren Weg ablehnt und die Bibel nur mit dem Kopf erfasst wird Mühe haben, im Glauben zu wachsen. Solche Leute sehen in den Worten selbst schon Rettung. Ich spreche von „Bibeljuristen" und „Kopfchristen", wie ich diese Personen bezeichne.

Worte retten nicht, genauso wenig wie ein Hinweisschild auf einen Ort schon der Ort ist oder der Finger, der zum Mond zeigt, schon der Mond ist. (Das letzte Beispiel ist aus dem Zen).

2.1.4 Weiteres Problem: Auslegung

Auch wenn man den Bibelinhalt nicht antastet und eine gute Übersetzung verwendet gibt es ein weiteres Problem. Die Auslegung! Nehmen wir den Vers von der engen Pforte bzw. dem schmalen Weg. Ist der schmale Weg für die einen die Befolgung von Geboten und Verboten, ist es für andere der schmale Grat zwischen Vergangenheit und Zukunft. Oder nehmen wir den Psalm, wonach es unser Herr Jesus den Seinen im Schlaf gibt. Was für die einen ein Gnadengeschenk ist, ist für andere tatsächlich der Schlaf, wo man Antworten im Traum erhält. In jedem Fall ist es ratsam, sich bei der Auslegung Hilfe zu holen damit das NT keine Schrift mit „sieben Siegeln" bleibt. Doch wo hat man echte Hilfe? Sicherlich kommt dem Gebet um Weisheit überragende Bedeutung zu. Diese artikulierte Bitte (Mt.7,7) um Weisheit (1.Kor.1,30) gefällt dem Herrn wohl (1.Kö.3,10). Sie wird ganz sicher immer erfüllt!

Legt man eine Bibelstelle falsch aus, kommt es in der Folge zu einem falschen Vorgehen in der Praxis. Ich zeige das später bei Mk.11,24.

Doch nicht nur die Auslegung selbst, sondern auch die Menge unterschiedlicher Auslegungen ist höchst problematisch. Dadurch werden viele Menschen wie eine „Meereswoge" hin- und hergeworfen, sind unstet, probieren heute dies und morgen das und schlagen nirgends wirklich Wurzeln. Sie erarbeiten sich über viele Jahre und Jahrzehnte lediglich ein breites, oberflächliches Flachwissen „ohne doch niemals zur wirklichen Erkenntnis der Wahrheit zu gelangen..." (2.Tim.3,7). Es gibt viele, viele Bücher, man muss wohl sagen zu viele, die zu einer wahren Informationsflut und zu einer nicht geringen Verwirrung führen, besonders wenn dann unterschiedliche christliche Glaubensrichtungen die gleiche Bibelstelle anders auslegen.

Es ist sicher nicht verkehrt sich hier auch mal an einen „Mann/ Frau Gottes", eine/n Pfarrer/in zu wenden, oder vertrauenswürdige Bücher, Schriften zu lesen, Cassetten, CDs zu hören, wenn man mit der Auslegung Mühe hat.

2.1.5 Braucht man einen Lehrer?

Braucht man einen Lehrer? Kann man nur so spirituelle Fortschritte machen? Die Bibel in ihrer heutigen Form gab es erst seit dem Jahre 367 n. Chr., wo Athanasius die 27 Bücher unserer heutigen Bibel verzeichnete, die im Jahre 397 n. Chr. vom Konzil zu Karthago formell anerkannt wurden, also erst fast 400 Jahre nach Christi Geburt! Auch in östlichen Religionen gab und gibt es Zen-Meister, die ihre Schüler belehrten/belehren, aber auch hier gab es eine Zeit, wenn wir ganz weit zurückgehen, wo es keine Lehrer gab. Jedenfalls nicht im „klassischen" Sinne. Die Natur, Engelwesen etc. mögen auch da schon Lehrer gewesen sein. Es ging also auch ohne „klassischen" Lehrer, aber dieser Weg ist ein langer und mühseliger. Man kann sich also glücklich schätzen, wenn man einen Lehrer hat.

Erhörung

Natürlich sind auch Bücher „Lehrer". So beschreibt der Zen-Meister Dürckheim sehr detailliert Zazen in seinem Buch „Hara". Jeder kann also mit seinem Buch „Hara", was er selbst als „Übungsanweisung" bezeichnet (Dürckheim 2012, a: 4) mit Zazen, dem inneren Weg, beginnen. Aber Achtung: Die Behandlung ganz individueller Erfahrungen kann nicht durch ein Buch erfolgen. Ein Buch vermittelt Erkenntnisse aber das ganz persönliche Eingehen auf individuelle Erlebnisse und Erfahrungen kann es nicht leisten. Das kann nur ein/e leibhaftige/r Lehrerin/Lehrer Damit meine ich mit Erfahrungen nicht nur Erfahrungen in der Meditation. Viele Menschen haben Erfahrungen in ihrem Leben mit Jesus machen dürfen! Welche Erfahrungen haben meine Leserinnen und Leser wohl mit Jesus gemacht?

Holt man sich dann Rat, sollte es immer nur um Hilfestellung für unsere eigene Entwicklung gehen, niemals jedoch dazu führen, wie Gossweiler, Tolle und Dürkheim betonen, von anderen Menschen oder Institutionen abhängig zu werden.

Gerade wenn man ohne Lehrer (vgl. 1.Kor.12,8) auskommen will/muss und die Bibel eben doch an der einen oder anderen Stelle der Erklärung bedarf oder es um Entscheidungen geht, ist das Gebet um „Weisheit" das Mittel der Wahl. Wenn uns dann eben kein/e Lehrer/in „zugeführt" wird, auch das könnte natürlich eine Gebetsantwort sein, dann kann die Antwort in Form von „Zeichen" (z.B. Ri.6,37) und „Träumen" (z.B. Apg.18,9) kommen. Da „Zeichen" mitunter schwierig zu deuten sind, möchte ich hier auf „Träume" kurz eingehen, denn wer „Weisheit" benötigt, sollte sich durchaus mal ein bisschen mit Traumarbeit beschäftigen. Es ist allerdings nicht zwingend nötig, denn Leute wie Paulus haben mit ziemlicher Sicherheit ja auch keine Traumarbeit systematisch gemacht – und haben trotzdem Botschaften im Traum erhalten.

Erhörung

Wer sich dennoch hiermit näher beschäftigen will, also mit Traumarbeit speziell bei der Bitte um „Weisheit", kann auf ein großes Sortiment an Büchern zurückgreifen. Da diese Bücher kaum bis gar nicht auf einige Gefahren hinweisen, die man kennen sollte, möchte ich doch auf einige Aspekte zur Traumarbeit kurz eingehen.

Man kann zwischen zwei Traumarten unterscheiden: Es gibt die „unbewussten" Träume, also die „klassischen" Träume, wo man nicht merkt, dass man träumt. Und dann gibt es „bewusste" Träume. In diesen Träumen weiß man, dass man träumt. Gerade die „bewussten" Träume eröffnen ein weites Feld an Möglichkeiten, aber es gilt aufzupassen bei dem, was man in diesen „bewussten Träumen" machen will, denn nicht alles, was hier möglich ist, ist auch gut. Im Grunde sollte man erst um Weisheit bzgl. dieser Traumart bitten, bevor man sie anwendet.

Jeder dieser zwei Bereiche stellt die Träumerinnen und Träumer dabei vor spezielle Probleme. Das Hauptproblem beim „unbewussten" Träumen ist natürlich die Interpretation dieser sehr symbolbeladenen Träume. Das Hauptproblem beim „bewussten" Träumen ist natürlich das Erkennen, dass man sich gerade in einer Traumsituation befindet, denn die/der Träumende hält seine Träume i.d.R. immer für real.

Interessant ist dann natürlich der Zugang zu diesen Träumen. Zunächst betet man darum, dass man seine Träume nicht vergisst. Das gilt für beide Traumarten. Speziell beim „unbewussten" Träumen sollte man immer auch um das Verstehen der Träume bitten. Bei dieser Art des Träumens sind das Führen eines Traumtagebuchs und ein Symbolverzeichnis, wo man vermerkt, welche Bedeutung z.B. eine Katze hat, die immer wieder in den Träumen auftaucht, sicher eine Hilfe. Beim „bewussten Träumen" werden hingegen sog. „Realitätschecks" gemacht. Man fragt sich am Tage immer wieder, ob man gerade wach ist oder träumt. Dann macht man etwas, was nur im Traum möglich ist. Man könnte z.b. in die Luft springen. Wenn man wach ist, wird nur ein kleiner Hüpfer herauskommen, wenn man hingegen gerade träumt, wird man wirklich viele Meter in die Luft fliegen. Damit man diese „Realitätschecks" auch tatsächlich macht, sollte man sich auf sog. „Auslöser" konditionieren. Man könnte sich z.b. angewöhnen, dass man immer checkt, wenn man z.b. eine Uhr sieht. Natürlich sollte man dann auch eine Uhr im Traum sehen, worum man wieder beten kann. Jedenfalls gibt es hier noch viele weitere Maßnahmen, weshalb ich an dieser Stelle nochmals auf entsprechende Bücher verweisen möchte. Grundsätzlich ist es dann sicher gut, ein Problem am Tage intensiv zu durchdenken, aber man sollte das nicht bis in den Abend hinein tun, weil man ansonsten lediglich einen Traum aus dem Unterbewusstsein erhält.

Und damit komme ich zum Abschluss meiner kurzen Einlassung zur Traumarbeit. Was sind eigentlich die Traumquellen? Das Unterbewusstsein, was uns Dinge spiegelt. Dann böse Mächte, deren Einfluss man unbedingt ausschalten muss, indem man um Schutz vor Lügenträumen bittet und sich möglichst auch im Traum der engsten Verbindung (s.u.) mit Jesus bewusst ist. Und als dritte Traumquelle natürlich Träume von Jesus, meist über Boten.

Wie ist es zu erklären, dass oft gerade ältere Menschen, die Weisheit begehren, irgendwie die Traumarbeit nicht hinkriegen, während z.B. Jugendliche, die nur Abenteuer erleben wollen, besonders mit dem bewussten Träumen viel weniger Mühe zu haben scheinen? Müsste es nicht im Hinblick auf die Qualität des Ziels gerade umgekehrt sein? Hier scheint die Zirbeldrüse (Epiphyse) eine wichtige Rolle zu spielen, genauer gesagt deren Verkalkungs- bzw. Aktivierungsgrad. Viele Entkalkungs-Methoden werden in der Literatur erwähnt, u.a. Ernährungsmaßnahmen, wobei hier ein

Schwerpunkt auf der Vermeidung und Ausleitung von Floriden und Schwermetallen liegt und Meditationen mit dem Schwerpunkt auf den Chakren. Wer hier tiefer einsteigen will, der sei auf entsprechende Bücher zum Thema verwiesen.

2.2 Gossweiler

2.2.1 Grundlagen im Glaubensleben

Es gibt wohl kaum einen Menschen, der einem das Bibelwort so nahebringt und so lieb macht, wie Gossweiler. Er legt den Grundstein mit dem Glauben (Joh.1,12, Eph.3,17, Offbg. 3,20) und der Taufe (Mk.16,16). Daneben weist er auf die überragende Bedeutung des Gotteswortes (Hebr.4,12, Ps.119,105, Ps.119,162) hin. Man kann sagen, dass er die Liebe zum Wort weckt. Er verweist auf die Bedeutung der Vergebung (Mt.11,25), der Reinigung im Blute Jesu (1.Joh.1,7), den Schutz im Blute (2.Mo.12,13) und auf die Bedeutung des Dankes (Lk.17,17). Ganz wichtig ist dabei der Hinweis zum Umgang mit Sünden. Sünden dürfen nicht unbeachtet bleiben. Sie dürfen weder angehäuft (deshalb „Entschuldigung", „Vergebung") noch belassen werden (deshalb „Reinigung"), sonst blockieren sie jede Erhörung (Jes.59,1.2). Er legt das Glaubensfundament. Ohne dieses Fundament ist es kritisch, sich mit Gegenwärtigkeit/Zazen zu beschäftigen. Überhaupt ist bei der Frage, was alles zu beachten ist, damit ein Gebet erhört werden kann, eines doch völlig klar: Ohne die biblischen Gebote und Verbote zu beachten, geht es nicht. Man kann nicht drauflos sündigen und dann meinen, Gnade zu erlangen. Dabei ist völlig klar, dass wir Sünde nicht gänzlich vermeiden können. Wir sind alle nur Menschen und kein Mensch ist frei von Sünde. Man hat also auch Hilfe, wenn man sündigt, allerdings nur, wenn uns die gemachte Sünde aufrichtig Leid tut und wir unseren Herrn Jesus um Reinigung in Seinem Blut von der Sünde bitten. Was ist Sünde? Ganz einfach definiert kann man sagen, jeder Verstoß gegen biblische Gebote.

Man sollte also die Bibel kennen, man sollte die Gebote kennen und natürlich deren richtige Auslegung, was mitunter etwas knifflig ist, da Bibelstellen häufig different interpretiert werden. Ein Beispiel wäre die sog. „Prädestinationslehre". Es gibt tatsächlich Bibelinterpreten, die meinen aus der Bibel herauslesen zu können, dass einige Menschen von vornherein auserwählt sind und andere von vornherein keine Chance haben. Das ist natürlich Unsinn. Was sagt der Gottesmann Gossweiler dazu? Er weist zurecht daraufhin, dass alle auserwählt sind, die sich auswählen lassen. Menschen, die sich völlig auf den inneren Weg beziehen, verkennen, dass es doch gewisse Vorschriften braucht, die unser Verhalten und unser Zusammenleben regeln. Wie verhält man sich gegenüber einem ungerechten Chef?

Gossweiler hat also recht, wenn er die Wichtigkeit des Gotteswortes betont. Laotse sagt, dass Wissen Weisheit verdrängt (Laotse 2010: 92). Das heißt aber nun nicht, dass man überhaupt keine Verse zunächst lesen und lernen und dann mehr oder weniger regelmäßig wiederholen darf. Im Gegenteil. Wenn wir etwas von unserem Herrn Jesus möchten, sollten wir natürlich auch eine entsprechende Verheißung kennen. Sonst können wir ja gar nicht sicher sein, ob Jesus, dem natürlich kein Problem zu groß ist, uns auch helfen will. Können wir aber nicht sicher sein, dass ER objektiv helfen will, können wir auch nicht 100% subjektiv vertrauen. Naja, und bei Zweifel erhalten wir natürlich auch keine Hilfe. Es fehlt uns dann der Glaube, der rettet! Deshalb ist es wichtig, eine „eiserne Ration" (Gossweiler) im Kopf zu haben. Ich habe auch mal gehört, dass es Länder gibt, wo der Besitz der Bibel unter Strafe steht. Wären wir gezwungen in einem solchen Land zu leben, ist die „Eiserne Ration" natürlich fundamental. Lies also regelmäßig die Bibel und schreibe dir am besten die Verse heraus, die für dich wichtig sind.

Ich würde mal die These wagen, dass Menschen, die sich mit Gossweiler beschäftigen, vermutlich eher Gefahr laufen, zu sehr auf die äußere Lebensführung abzustellen. Das liegt vielleicht gar nicht so sehr an dem von Gossweiler Gemeinten, denn von ihm stammen Aussagen, wie: „Nehmt Jesus ins Herz auf"/ „Nehmt Jesus so oft wie möglich in die Gegenwart"/ „Gebt Jesus Raum"/ „Neutestamentlicher Glaube ist kein Denken und kein Kopfwissen"/ „Der Geist Christi ist keine bloße Denk- und Sinnesweise, sondern wesenhafte Aneignung Seiner Person". Allerdings „buchstabiert" er diese wahren Sätze nicht aus. Menschen die sich mit ihm beschäftigen wissen nicht unbedingt, was „Raumgabe" eigentlich bedeutet und „rutschen" deshalb eher in das, was sie konkret umsetzen können: Die Regeln zur äußeren Lebensführung. Man könnte also sagen, dass Gossweiler eine wunderbare Hilfe für die Auslegung des Bibelwortes ist, der allerdings „ausbuchstabiert", konkretisiert werden sollte, was der Verdienst von Tolle ist, der wiederum von Dürckheim eine Konkretisierung erfährt. Die folgende Kritik richtet sich also an Menschen, die eher im Äußeren agieren und den „inneren Weg" ablehnen.

2.2.2 Kritik

Im Folgenden wähle ich als Format immer eine Aussage von eher dogmatisch orientierten Christen, die ich dann kommentiere.

„Wer alle Gebote [und es gibt, nach denen die aus der Bibel ein reines Gesetzbuch machen, Hunderte] erfüllt, aber gegen ein einziges Gebot verstößt, der hat sich damit gegen alle Gebote vergangen." Du sündigst zu viel.
Dieses Abdriften in Richtung Dogmatismus führt zu einer ziemlichen Demotivation der Gläubigen. Aber, wie oben schon gesagt, sündigen wir doch alle. Wenn das ein Ausschlusskriterium wäre, bräuchte niemand mehr beten. Wichtig ist, dass uns die Sünde leid ist, wir sollten also nicht vorsätzlich sündigen, und dass wir wissen

dürfen, dass Sein Blut von aller Sünde rein macht (Joh.1,7)! Es ist auch keineswegs so, dass wir sozusagen in einer Matrix aus Ge- und Verboten gefangen, unser Leben leben müssen. „Seid allezeit fröhlich" (1.Thess.5,16). Ich spiele auf Auslegungsfragen an.

<u>„Es ist unnüchtern, um ein geradezu biblisches Wunder zu bitten, z.B. um eine Heilung, wenn der Arzt nicht mehr helfen kann."</u>
Betont nicht Gossweiler selbst, dass es sich bei den wunderbaren Heilungen in der Bibel gerade nicht um Symbole und Metaphern, sondern um reale Geschehnisse handelt. Und vermag unser Herr Jesus nicht sogar Lahme und Blinde zu heilen?! „Bibeljuristen", wie ich die Dogmatiker auch nenne, sind so nüchtern, dass sie unserem Herrn Jesus gar nichts mehr zutrauen. Natürlich gibt es aber auch „Prüfungen".

<u>„Leiden ist ein Echtheitszeichen."</u>
Ja! Das klingt zunächst mal hart, aber viele Christen mussten und müssen durch Leiden gehen, um zubereitet zu werden, wie ein Eisenstück, was erst geschmolzen werden muss, um verwendet werden zu können. Tolle sagt es nicht anders und auch Dürkheim spricht davon, dass es bei vielen Menschen nötig ist, erst eine erstarrte Form aufzubrechen, bevor etwas Neues entstehen kann. Es ist auch kein Geheimnis, dass gerade Christen unter besonderem Beschuss von den Mächten der Finsternis stehen, doch dazu später mehr.
Das heißt aber nun nicht, dass man nicht dann auch Hilfe in der Not erhält!

<u>Duldung lautet die Handlungsmaxime: „Ein jeder bleibe in dem Stande in dem er berufen wurde" (1.Kor.7,20).</u>
Zwar gilt es eine unangenehme Situation, z.B. eine Krankheit, oder einen sehr unangenehmen Arbeitsplatz, zunächst zu akzeptieren, nicht zu murren und zu klagen, aber das heißt natürlich nicht, dass man diese Situation nicht ändern wollen darf. Welchen Sinn hätten

ansonsten Millionen von Gebeten?! Fast alle Gebete, mit Aus-
nahme des reinen Lobpreises, zielen doch darauf ab, irgendeinen
(unangenehmen) Status Quo zu verändern. Der Kranke akzeptiert
seine Krankheit – aber er möchte natürlich gesund werden; und er
darf das auch möchten! Niemand erklärt besser als Tolle, dass
man eine Situation akzeptieren soll und sie gleichzeitig doch ändern wollen darf.

„Pflicht" und „Strafe"

Einige Glaubensrichtungen im Christentum legen bei der Auslegung der Bibel eine derartige Herzenshärte an den Tag, dass Suchende Angst bekommen und abgeschreckt werden. So wird z.b.
der Begriff der „Pflicht" extrem betont. Man hat auf Biegen und Bre-
chen seinen „Pflichten" nachzukommen, wobei die Frage, was
denn die „Pflichten" seien, von diesen Leuten gleich mitgeliefert
werden. Auf den „Gehorsam" gehe ich weiter unten noch ein. Jedenfalls wird das Thema „Pflicht" teilweise sehr hart ausgelegt, sodass viele dieser Christen nicht etwa einem anderen Menschen
aus „Liebe" oder „Mitgefühl" helfen, sondern, meine Leserinnen
und Leser ahnen es schon, hauptsächlich aus „Pflichtgefühl".
Ist Gott ein „strafender Gott"? Gott ist ein „liebender Gott"! Mit der
Strafe verhält es sich eher so: Der Mensch zieht sich durch ein
Fehlverhalten eine „Strafe" heran. Man hat sich z.B. schlecht seinem Ehepartner gegenüber verhalten und nun geht die Ehe zu
Bruch. Man kann die Scheidung als „Strafe" bezeichnen. Aber die
„Strafe" kommt eben nicht von Gott, sondern ist im Grunde durch
uns selbst verursacht. Ich gehe später noch genauer darauf ein,
dass unsere Denkstrukturen eben immer unsere äußeren Lebens-
bedingungen bestimmen. Jedenfalls darf das Glaubensleben auch
fröhlich sein (1.Thess.5,16) und das wird vor lauter „Pflicht",
„Strafe" und „Zucht" in diesen Glaubensrichtungen manchmal vergessen.

2.3 Tolle

Zunächst will ich betonen, dass Tolle nichts lehrt, was jenseits der Bibel läge. Tolle wird durch Bibelverse klar bestätigt. So soll der Christ nicht in Vergangenheit und Zukunft leben, wie folgende Bibelstellen zeigen: Phil. 3,13, Mt.6,34. Da bleibt ja nur die Gegenwart! Außerdem soll der Christ still (gegenwärtig) und gleichzeitig sehr wachsam sein, denn, wie es Tolle sagt, es könnte ja jeden Moment etwas passieren. Das bestätigen folgende Bibelverse: Mt.12,36, Mt.6,7, Ps.62, 1.Petr.5,8, Lk.21,36.

Doch warum ist das so? Warum nur Gegenwart? Dies kann gut mit Joh.3,30 erklärt werden, wo es heißt: „ER muss wachsen, ich dagegen muss abnehmen"! Wenn das nämlich geschieht, erhält unser Herr Jesus immer mehr Raum in uns, um zu wirken! Viele denken nun, dass ER „wächst", wenn man z.b. viele christliche Schriften liest und dass wir „abnehmen", wenn wir uns z. B. bei der Arbeit ständig erniedrigen lassen, wenn uns z.b. der Chef anbrüllt. Doch das ist falsch gedacht. Wer viele christliche Schriften liest, vergrößert erstmal nur sein Kopfwissen, und wer sich in geschilderter Arbeitssituation befindet, wird einfach ein immer schwächeres Selbstvertrauen besitzen. Eine solche „Abnahme" ist in diesem Vers sicher nicht gemeint. Und hier kommt nun Tolle ins Spiel und mit ihm wird klar, wie dieser Vers wirklich zu lesen ist. Wer in einem ruhigen Moment einmal seine Gedanken beobachtet, wird Allerlei beobachten. Man wird daneben aber auch feststellen, dass da etwas ist, was beobachtet, nämlich wir selbst. Wir sind nicht identisch mit dem Gedankenstrom, auch wenn die meisten von uns derart mit ihren Gedanken identifiziert sind, dass sie das normalerweise nicht erkennen. Wenn wir also unserem Herrn Jesus Raum geben wollen, dass ER sich immer stärker in uns ein- und durch uns durchwirken kann, gilt es, diese Trennung zwischen unserem Bewusstsein und dem Gedankenstrom immer mehr zu vergrößern.

Erhörung

Wir nehmen also in den Verstrickungen mit unseren Gedanken, ja mit unserer ganzen Lebenssituation, ab. Dadurch wird die Lücke zwischen unserem Bewusstsein und dem Gedankenstrom immer größer und so kann unser Herr Jesus immer stärker in uns wachsen! Darauf gehe ich später noch genauer ein.

Für Tolle ist die „Gegenwart" zurecht nicht weniger, als der einzige Zugang zu Jesus Christus, den Menschen überhaupt nur haben können:

„Durch den gegenwärtigen Augenblick hast du Zugang zur Lebenskraft selbst, zu dem, was traditionell „Gott" genannt wird"
(Tolle 2005: 277).

Die „Gegenwart" ist nicht weniger, als die „enge Pforte" (Tolle 2002: 41), der schmale Weg von dem die Bibel immer wieder spricht! Dies wird sehr schön in dem folgenden Gedicht von Andreas Gryphius (17. Jahrhundert) zum Ausdruck gebracht:

„Mein sind die Jahre nicht, die mir die Zeit genommen,
mein sind die Jahre nicht, die etwa möchten kommen,
der Augenblick ist mein und nehm' ich den in Acht,
so ist DER mein, der Jahr' und Ewigkeit gemacht"

2.3.1 Funktionen von Gegenwärtigkeit

Viele Menschen halten solche „Gegenwärtigkeitszeiten" für reine Zeitverschwendung, für langweilig. Wozu soll das denn gut sein? Die Motivation so oft wie möglich gegenwärtig zu sein, sollte bei meinen Leserinnen und Lesern nun vorhanden sein. Ich habe im Folgenden mal 12 „Funktionen" von „Gegenwärtigkeit" herausgearbeitet, die klar zeigen, warum diese Zeiten so kostbar sind. Entscheidend: Wenn wir die Voraussetzungen erfüllen, kann ER helfen, wenn ER helfen will und eine sehr wichtige Voraussetzung ist, wenn wir IHM „Raum", „Platz", durch Gegenwärtigkeit bieten. Die Funktionen im Einzelnen:

Erhörung

<u>Die erste Funktion ist die „Kittfunktion"</u>: Es geht zunächst ganz einfach darum, falsches Denken, wie z.B. Sorgen, Zweifel, zu vermeiden. Es gilt die Binsenweisheit: Wer nicht denkt, denkt nicht schlecht und macht Platz. Deshalb spreche ich von „Kitt" in den „Zeitfugen". Denn Achtung! Diese „Zwischenzeiten", also z.b. die 5 Minuten, in denen der Kaffee zieht, summieren sich auf viele Stunden am Tage. Gegenwärtigkeit soll der „Kitt" sein, der alles andere umwölkt. In den Zeiten in denen wir nicht denken müssen, sollten wir wenn möglich immer gegenwärtig sein!

<u>Die zweite Funktion ist die „Akzeptanzfunktion"</u>: Ein Kranker akzeptiert die Krankheit, möchte aber natürlich gesund werden. Viele nehmen in diesem Satz nur den zweiten Teil zur Kenntnis. Aber es gilt nicht nur, gesund werden zu wollen, sondern gleichzeitig die jetzige Situation so anzunehmen, wie sie ist. Nur wer das „Jetzt" voll akzeptiert, kann gegenwärtig sein. Durch beobachtende Gegenwärtigkeit akzeptiert man das „Jetzt". Man lässt dadurch den Widerstand gegen das was ist los.
So möchte ein Junge zu Weihnachten einen PC. Im November kaufen die Eltern tatsächlich Einen. Der Junge bekommt das mit und freut sich, dass er (im Keller) schon hat und dass ihm der PC an Weihnachten ganz sicher zuteilwerden wird. Die Freude, die in ihm aufsteigt, ist also eine Art „Vorfreude". Der Junge verhält sich ganz im Sinne von Mk.11,24. Soweit, so gut. Allerdings ist damit noch überhaupt nichts darüber ausgesagt, wie er zur jetzigen Situation steht! So muss der Junge im Beispiel bis dato seine Hausarbeiten immer noch mit seiner alten Schreibmaschine fertigen. Das bedeutet, dass er bei einer bestimmten Anzahl von Schreibfehlern, „Tipp-Ex" hin oder her, eine Seite neu schreiben muss, weil es nach nichts mehr aussieht, während seine Klassenkameraden, alle schon im Besitz eines PCs, nur schnell das Dokument zu ändern und neu auszudrucken brauchen. Daher ist der Junge unglücklich und schimpft sehr viel! Worin besteht das Problem?

Erhörung

Der Junge akzeptiert nicht das „Jetzt". Er bewertet es negativ. Er leistet dem „Jetzt" Widerstand. Das hat zur Folge, dass das „Leben" selbst wiederum dem Jungen Widerstand entgegenbringt. Alles scheint schiefzulaufen. Unglücklicherweise kommt es Anfang Dezember zu einem Hochwasser und der PC im Keller wird zerstört. Was wäre passiert, wenn der Junge das „Jetzt" angenommen hätte? Tolle erklärt es am besten:

„Wenn ich nichts gegen das habe, was geschieht, was heißt das? Es heißt, dass ich innerlich mit dem übereinstimme, was geschieht. ‚Was geschieht' ist natürlich das Sosein des gegenwärtigen Augenblicks, das immer schon so ist, wie es ist. Es bezieht sich auf den Inhalt, die Form, die dieser Augenblick – der einzige, den es je gibt – annimmt. In Übereinstimmung mit dem zu sein, was ist, bedeutet eine Beziehung, ohne inneren Widerstand mit dem zu haben, was geschieht. Es bedeutet, das Geschehen mental nicht länger als gut oder schlecht zu bewerten, sondern es einfach so sein zu lassen, wie es ist. Heißt das, dass du nichts unternehmen kannst, um in deinem Leben eine Veränderung herbeizuführen? Im Gegenteil. Wenn deine Handlungsgrundlage die innere Übereinstimmung mit dem gegenwärtigen Augenblick ist, wird dein Handeln durch die Intelligenz des Lebens selbst bestärkt ... lehnst du dich [hingegen] gegen das auf, was ist, ... dann machst du dir das Leben zum Feind, ..." (Tolle 2005: 209, 210, 212).

Gleichwohl betont auch Tolle, „dass dein Ziel... in deinem Inneren auf der mentalen und emotionalen Ebene, bereits Realität..[sein muss, im Sinne einer Hilfe, so ergänze ich, über die ganz allein unser Herr Jesus entscheidet]" (Tolle 2005: 314), aber eben ohne Widerstand zur aktuellen Situation. Lasse allen Widerstand fahren, "die before you die, and see, there is no death" (Tolle)! Die Umstände sind also nicht so widerwärtig, dass du sie nicht annehmen kannst, sondern weil du die Umstände nicht annimmst, sind sie so widerwärtig! Gegenwärtigkeit bedeutet also nicht einfach nicht zu denken, sondern betrifft die ganze Einstellung des Menschen! Besonders ist auf folgendes zu achten: Nicht ungeduldig werden, nichts erreichen wollen, absichtslos abwarten, um alles zu erreichen. Auf keinen Fall darf man fordern, klagen, hadern, zweifeln, verzweifeln. Tolle sagt: "The situation is never the problem, but your thought about the situation is the problem." Die Bibel lehrt uns, dass wir nie die Not anschauen sollen.

Nicht sterben wollen, aber bereit sein zu sterben!

Die dritte Funktion ist das „Vertrauen-zeigen": Nur wer völlig vertraut kann gegenwärtig sein. Und nur wer völlig vertraut hat Erhörung. Also gilt, dass nur wer viel gegenwärtig ist, auch Erhörung haben kann. Mit Gegenwärtigkeit zeigt man also volles Vertrauen. Sie ist damit gleichzeitig ein guter Indikator für jeden von uns, um festzustellen, ob man wirklich schon voll vertraut. Solange man nicht vertraut, wie ein kleines Kind seinen Eltern, wenn man also weiterhin „nichts aus der Hand" geben und alles selber machen will, wird es kaum gelingen, längere Zeit gegenwärtig zu bleiben. Die Leserin/ der Leser prüfe sich selbst!

Die vierte Funktion ist das „Raum geben": Darauf bin ich ja bereits zu Beginn dieses Kapitels eingegangen. Diese Funktion ist höchst bedeutsam, weil sie qualitativ anders ist als die übrigen Funktionen. Warum? Weil du irgendwann aufhören musst, aktiv zu „machen". Mache dir immer wieder klar, dass die Erhörung ein reiner Gnadenakt ist. Sie kommt von Jesus, wenn ER es denn will und kann. Wann „kann" ER? Zunächst mal kann ER immer, denn ER ist der „Stärkere", der „Sieger". Keine böse Macht kann IHN aufhalten. Allerdings können wir selbst IHM ziemlich im Wege stehen und zwar dann, wenn wir so in unserem Eigenwillen sind, in alles reinreden wollen, dass ER keinen „Platz" hat! Es geht sozusagen um das „Umschalten" vom „Machen" zum „Zulassen". Und was ist

Erhörung

diese praktische Ausgestaltung des „Zulassens"? Natürlich die Gegenwärtigkeits-Stellung.

Dazu ein Beispiel: Ein Skipper fährt mit seiner Yacht auf ein Riff. Die Yacht schlägt leck und geht unter. Der Skipper rettet sich mit einem Sprung ins Wasser. Da schwimmt er nun in endloser Wasserweite. Zunächst schreit er: „Herr Jesus, hilf!", doch nichts geschieht. Dann erinnert er sich an ein Buch zum positiven Denken, was er mal gelesen hat, und geht in die Stellung, dass er schon gerettet ist: „Herr Jesus, danke für die Rettung." Gleichzeitig visualisiert er vielleicht, wie ihn ein Matrose eines Handelsschiffes herauszieht und zur Rettung beglückwünscht. Doch es geschieht wieder nichts. Die Kräfte lassen nach und ihm schwindet jede Hoffnung. Er fügt sich in sein Schicksal. Vielleicht betet er noch: „Dein Wille geschehe." Und plötzlich sieht er in der Ferne ein Schiff …

Was war geschehen? Zunächst machte er den Fehler, den wohl alle machen, die unreflektiert das „positive Denken" anwenden. Er glaubte, er könne sich durch sein Denken retten. Das geht so nicht, worauf ich später noch genauer eingehen werde. Jedenfalls musste er erst dem Tode nahekommen, um zu erkennen, dass er zu seiner Rettung nichts mehr in eigener Kraft tun kann. Er fügte sich seinem Schicksal, war bereit zu sterben. Viele Menschen brauchen geradezu Zwang, müssen geradezu jeden festen Halt verlieren, um zu wirklicher „Hingabe" zu kommen. Dies habe ich ganz praktisch selbst erfahren!

Die fünfte Funktion ist die Trennung vom „Opfer-Ich": Wer sich z.B. über viele Jahre mit einer „Opferrolle" identifiziert hat, muss unbedingt diese Identifikation lösen, weil das Ego ansonsten auf einer unbewussten Ebene gar keine Hilfe will und deshalb jede Erhörung blockiert, denn das „Ego" bangt um seine Existenz, wie man Tolle entnehmen kann.

Die sechste Funktion ist die „Angriffs-Abwehr-Funktion": Man darf einem Angreifer kein Ziel bieten. Da das Angriffsziel des Feindes immer aus unserem „Ich" besteht, bedeutet ein Ablegen dieses „Ichs", dass der Feind ins Leere schlägt! Das ist etwas abstrakt. Was heißt das konkret? Es heißt, dass wir nicht an uns selbst, anderen Menschen oder Gegenständen anhaften dürfen oder, wie es Tolle sagt, dass das Genannte kein Teil unserer Identität werden darf. Du hast beruflich Karriere gemacht und bist darauf sehr stolz? Dann wirst du ziemlich gekränkt sein, wenn jemand darüber schlecht redet. Aber auch andere Menschen können zu einem Teil unserer Identität werden. Ein Beispiel wäre „krankhafte Eifersucht". Doch auch Gegenstände können Teil unserer Identität werden. Wie das? Tolle, wie könnte es anders sein, gibt dazu ein nettes Beispiel, was hier nur sinngemäß wiedergegeben werden soll: Ein Mädchen verliert auf einem Ausflug ihre Puppe. Es gibt ein riesengroßes Geschrei, als ob die Welt unterginge. Warum, wo man doch dieses Stück Plastik für ein paar Euro im nächsten Spielwarenladen ganz einfach nachkaufen könnte? Weil genau dieses Stück Plastik zu einem Teil ihrer Identität geworden ist! Und man könnte die Geschichte sogar noch weiterspinnen. Nehmen wir an, 14 Tage später findet sich die Puppe wieder an, ziemlich verdreckt. Sie lag an einem Straßenrand. Welche Puppe würde das Mädchen nun vorziehen? Die makellos Neue? Nein! Sie würde mit ziemlicher Sicherheit die völlig verdreckte Puppe in die Arme schließen! Und das betrifft nicht nur Kinder. Bei wie vielen Menschen ist „des deutschen liebstes Kind", das Auto, zu einem Teil ihrer Identität geworden. Wehe, da kommt auch nur ein Kratzer dran. Vielleicht ist es hilfreich, sich immer wieder zu vergegenwärtigen, dass wir überhaupt keine Gegenstände besitzen, sondern nur für die Dauer unserer Lebenszeit geliehen haben. Wir haben nichts Materielles in diese Welt hineingebracht und können auch nichts mitnehmen! Das letzte Hemd hat bekanntlich keine Taschen! Also hafte nicht an! Wie? Da Anhaftung immer einen Denkvorgang voraussetzt, natürlich einfach dadurch, indem man einfach gegenwärtig bleibt! Ist man dann „voll bewusst", wie es Tolle nennt, können wir im Angesicht einer Bedrohung ruhig bleiben. Das ist der tiefere Sinn von der „Wange", die wir dem anderen hinhalten sollen, wenn der uns auf die andere Wange geschlagen hat.

Die siebte Funktion ist die „Klare-Gedanken-Funktion": Gegenwärtigkeit kann zu überraschenden Einsichten führen, ggf. i.V.m. Fasten, zu einem „Durchbruch", wenn man sich im Denken und Grübeln verfangen hat.

Die achte Funktion ist die „Erhörungsermöglichung": Nur in diesen Gegenwärtigkeitszeiten kann die Erhörung kommen, wenn sie denn kommen soll. Sie sind also sicher nicht langweilig, sondern sehr spannend! Ohne Gegenwärtigkeit, keine sichtbare Erhörung!

Die neunte Funktion ist eine „Gewissheit": „Nichts, was ist, ist ohne Ursache" (Niimura 2013: 79). Woher sollten also die falschen Gedanken kommen, die Hilfe blockieren, wenn du auf dein Nichtdenken („Gegenwärtigkeit") (und auf richtiges Denken, s.u.) achthast und wissen darfst, dass ER die Seinen nie im Stich lässt?!

Die zehnte Funktion ist die „Fensteröffnung": Ein schönes Bild ist das einer Fliege an einer Fensterscheibe, die hinaus auf eine Wiese blickt aber das Fenster aus eigener Kraft unmöglich öffnen kann. Gegenwärtigkeit kann das Fenster öffnen!

Die elfte Funktion verschafft Klarheit über die „gegenwärtigen Augenblicke": Viele Leserinnen/Leser könnten nun Angst bekommen, weil sie mit Schrecken feststellen, dass sie seit Jahren, womöglich seit Jahrzehnten, nicht gegenwärtig gewesen sind und nun befürchten, erst monatelang Gegenwärtigkeit akkumulieren zu müssen, also sozusagen einen „Vorrat an Gegenwärtigkeit" anlegen zu müssen. Doch diese Angst ist unbegründet. Das geht gar nicht!

Es gibt doch keinen anderen Augenblick als den jetzigen! Akzeptanz braucht keine Zeit. Weder kann man in der Vergangenheit einen „Vorrat" an Gegenwärtigkeit anlegen, oder gar einen negativen Vorrat an Nicht-Gegenwärtigkeit, noch würde dieser „Vorrat" für die Zukunft nutzen/schaden! Muho erklärt es am besten: „Jetzt ist der Moment, um das Leben zu ändern. Selbst wenn wir den vorigen Moment verpasst haben sollten, macht das nichts. Es gibt keine Sekunde, in der wir nicht zum Geist des Weges erwachen könnten. An jeder Stelle des Films ist ein Schnitt möglich. Uns fällt der Schnitt so schwer, weil wir glauben, dieser Augenblick sei nur die Fortsetzung des vorigen. Aber so ist es nicht. Jeder Augenblick ist neu. Wer das begreift, hat sich aus seiner Ich-Bezogenheit gelöst und ist zum Leben erwacht" (Muho 2016: 187, 188).

Die zwöfte „Funktion" ist die „Nabelschnur-Funktion": Gemeint ist die enge Verbindung von Gegenwärtigkeit mit der möglichen Erhörung, wie der Säugling über die Nabelschnur mit der Mutter verbunden ist. Was ist hier die „Nabelschnur"?
Gegenwärtigkeit = Nichtdenken = nicht werten/anhaften, denn das setzt einen Denkvorgang voraus = totale Akzeptanz des „Jetzt" = dann setzt man ab sofort, so sagt es Tolle, dem Leben (also Jesus, Joh.14,6), keinen Widerstand mehr entgegen = dann arbeitet das Leben sofort für dich = Hilfe/Erhörung!
Die Qualität des jetzigen Augenblicks bestimmt deine Zukunft, sagt Tolle sinngemäß! Und sieht man mal von „Verpflichtungen" ab, dann ist die Qualität umso höher, je mehr Gegenwärtigkeit du in den jetzigen Augenblick hereingebracht hast!

2.3.2 Notwendiges Denken und Gegenwärtigkeit

Es gibt recht kurzgefasst zwei „Zustände" im Leben. Man muss sich auf etwas konzentrieren („Verpflichtungen") oder man braucht eben nicht zu denken („Gegenwärtigkeitsdreieck"), wozu auch zur Routine gewordene Tätigkeiten zählen:

Erhörung

<u>„Verpflichtungen"</u>:
Diese sind kein „notwendiges Übel". Vielmehr macht man alles, was man machen muss, und wenn es das Reinigen einer Toilette ist, in der Einstellung, dass in diesem Moment nichts wichtiger ist! Man muss nicht künstlich Freude bei der Arbeit empfinden aber man darf auf keinen Fall mit einem inneren Widerstand eine Arbeit verrichten. Man ist voll bei der Sache und möglichst gleichzeitig im Hara. Das ist schwer aber nicht unmöglich, wenn man an Kampfsportler denkt, die während des Kampfes im Hara bleiben. Dabei ist nicht nur das was du tust egal, sondern auch das Ergebnis des Tuns. Man will also nicht stolz sein Ergebnis präsentieren und man hat auch keine Versagensangst. Wichtig ist nur in welchem Bewusstsein man etwas tut. Weißt du gar nicht mehr, wonach die Händeseife im Bad riecht? Dann warst du nicht im Jetzt. Weißt du es zwar aber empfindest du beim Händewaschen Langeweile? Dann lehnst du den gegenwärtigen Moment ab. Beides ist schlecht. Es gilt, das „Jetzt" rückhaltlos zu akzeptieren. Diese Akzeptanz ist von fundamentaler Wichtigkeit für eine Erhörung. „Das Leben [womit nichts anderes, als unser Herr Jesus gemeint ist (Joh,14,6)] zeigt sich dir gewogen, die Umstände sind dir günstig, andere Menschen helfen dir" (Tolle 2005: 212), wenn du durch die Akzeptanz deiner Lebenssituation, dem Leben nicht länger Widerstand entgegenbringst („Hingabe"). Sei also ganz bei der Sache und sage „ja" zu jedem Moment (Tolle). Damit vermeidest du auch etwas, was ebenfalls zu vermeiden ist: Wer das Jetzt akzeptiert, wie es ist, beurteilt es nicht, haftet also bei etwas Schönem nicht an und leistet bei etwas Schlechtem keinen Widerstand. Man bewertet also nichts, indem man jede Situation etikettiert. Was ist der Hara? Darauf gehe ich bei Dürckheim genauer ein.

<u>„Gegenwärtigkeitsdreieck"</u>:
Wenn man nicht denken muss, wozu auch alle Routinetätigkeiten, wie z.B. das Zähneputzen, zählen, braucht man nicht zu denken.

Und man sollte es, wie gesagt, auch nicht. Menschen, die ein sog. „Achtsamkeitstraining" ausüben, machen hier oft einen entscheidenden Fehler. Anstatt das Händewaschen nur passiv zu beobachten, indem man nicht denkt, versuchen sie sich extrem darauf zu konzentrieren. Sie zwingen sich also in einen Zustand konzentrierten Denkens. Das ist schade, denn es dürfte jetzt meinen Leserinnen und Lesern klar sein, dass gerade Zeiten gedanklicher Stille besonders bedeutsam sind.

Zum Konzentrationstraining seien die einschlägigen Bücher empfohlen, denn es wird vielleicht verblüffen, nicht nur bei notwendigem Denken von z.b. Schülerinnen und Schülern in der Schule, sondern auch beim Nichtdenken („Gegenwärtigkeit") ist ein erhebliches Maß an Konzentration erforderlich. Dies liegt daran, dass viele Menschen derart gewöhnt sind, sich mit ihrem Gedankenstrom zu identifizieren, dass sie bei der geringsten Unaufmerksamkeit sofort wieder in ihr altes Verhaltensmuster zurückfallen. Auch beim Nichtdenken gilt es, höchst wachsam zu sein! Die Bezeichnung „Gegenwärtigkeitsdreieck" wird später erklärt.

Man kann also sagen, dass die Aussagen von Gossweiler durch Tolle konkreter gefasst werden. Tolle „buchstabiert" Begriffe wie „Raumgabe" „aus", wie ich es nenne. Das ist für praktizierende Christen eine große Hilfe, damit man nicht zu sehr im Außen verbleibt. Die äußere Lebensführung und die innere Stellung gehören untrennbar zusammen. Man darf niemals nur auf Regeln zur äußeren Lebensführung fokussieren, weil dann der Glaube auf der Oberfläche, sozusagen „im Kopf" bleibt, genauso wenig wie man sich nicht ausschließlich um den „inneren Weg" kümmern sollte und gar nichts anderes mehr machen will, denn wir sind hier in einem Lernprozess und dazu zählen andere Menschen mit dem ganzen Spektrum ihres möglichen Verhaltens. Ganz aus der Welt zurückziehen sollte man sich also höchstens für einen begrenzten

Zeitraum, es sei denn man hat bereits eine höhere Entwicklungsstufe erreicht oder, im Gegenteil, man ist erst am Anfang des Weges. So habe ich selbst erlebt, wie das Pflänzchen der rechten Stellung nicht so recht unter der Arbeitslawine in der Pflege gedieh.

Tolle betont dabei die Wichtigkeit von einer Verwurzelung in sich, um nicht vom Gedankenstrom fortgespült zu werden, bleibt dabei allerdings vage. Und hier kommt nun Dürckheim ins Spiel, der nun wiederum genau diesen Punkt bei Tolle konkretisiert!

2.4 Dürckheim

2.4.1 Christsein und Zen

„Um im täglichen Leben gegenwärtig zu bleiben, hilft es dir, tief im eigenen Innern verwurzelt zu sein; sonst wird dich deine Geistestätigkeit, die eine unglaubliche Eigendynamik hat, mitreißen, wie ein rauschender Strom" (Tolle 2002: 63). Wo sollte dieser „Rückbindungspunkt", wie ich es nenne, denn sein? Wo sollten wir also möglichst immer etwas Bewusstsein hineinlegen? Ins Ohrläppchen? Hier bin ich der festen Überzeugung, dass die geeignetste Stelle in der Gegend des Unterbauchs, „Hara" genannt, ist. Warum? Wenn in der Bibel davon die Rede ist, dass unser Herr Jesus in unserer Mitte wandeln will (z.B. 3.Mose 26,11.12 oder 2.Joh.2), ist damit natürlich nicht ein belebter Marktplatz gemeint, dazwischen irgendwo Jesus. Es ist die Körpermitte gemeint. Das ergibt sich klar aus Lk. 17,21. Das Reich Gottes ist innwendig in uns! Und wo ist die Körpermitte beim Menschen? In der Gegend des Unterbauchs. Wenn uns also Gossweiler auffordert, Jesus so oft wie möglich gegenwärtig zu haben und weiter ausführt, dass neutestamentlicher Glaube kein Denken und kein Kopfwissen ist, kann es nur so gemeint sein, dass wir unser „Ich", unser Denken, los- und zumindest einen Teil unseres Bewusstseins in uns niederlassen sollen. In dem Bewusstsein, dass wir nichts von uns selbst aus tun können (vgl. Joh.5,30), lassen wir IHN dann wirken. Christen wissen, dass man nicht in eigener Kraft kämpfen soll, weil es das Wirken unseres Herrn Jesus versperrt, und auch nicht in eigener Kraft kämpfen kann, weil wir zu schwach sind. Wir wollen immer stärker von Jesus durchwallt werden!

Es vollzieht sich ein Dreifaches, was man auch im Zen kennt und dort als das „Rad der Verwandlung" bekannt ist. Man lässt also das „Ich" los, was die meisten vermutlich im Kopf- oder Brustbereich lokalisieren würden. „Das ist eine Bewegung, mit der der Mensch sich gleichsam aus der Schlinge herauszieht, in der er sich durch seine Identifikation mit dem Welt-Ich fing und immer wieder fängt... Es bedeutet das Loslassen einer Einstellung, in der wir uns allein auf das verlassen, was wir fest haben, wissen und können,... Das an gegenständlichen Zielen orientierte Ich ist stets von Vorstellungen bestimmt, wie das Leben eigentlich sein müsste. Beim rechten Lassen geht es um ein *Zulassen* und *Geschehen-Lassen*, was ungeachtet all unserer Vorstellungen, Projektionen, Wünsche und Vorurteile, uns unmittelbar als Welt begegnet..." (Dürckheim 2012, b: 84-86). Man lässt aber nicht nur los, sondern man lässt sich auch konkret im Hara nieder. „Hara erschließt ... die *Kraft* aus dem Sein, in der die Angst schwindet und Vertrauen aufkommt, ..." (Dürckheim 2012, a: 177). „Wo der Grund verstellt ist, ist der Mensch der in ihm waltenden, lösenden, einschmelzenden, bergenden und verwandelnden Kräfte beraubt" (Dürckheim 2012, b: 90). Wer sich niederlässt vertraut vollkommen, wer dies nicht kann drückt Zweifel aus! Schließlich gilt es, die „göttliche Kraft" zuzulassen. „Wo das [göttliche] Sein ins Innesein tritt [durch die Handlung nach Joh.1,12 und dem immer stärkeren Durchwalten mit dem Göttlichen] und zum Selbstsein wird [Jesus handelt, nicht wir] gewinnt der Mensch einen Halt, jenseits rationaler Erkenntnis" (Dürckheim 2012, a: 179).

Erhörung

Nach Dürckheim besteht der Sinn des Lebens darin, „das göttliche Sein im Dasein zu manifestieren" (Dürckheim 2012, b: 11). Dies wird durch die genannten drei Schritte ermöglicht!

Wie wir gesehen haben, gibt es eine erstaunliche Parallelität zwischen Christsein und Zen. Es gibt aber natürlich einen Unterschied: Die Person Jesus Christus. Dürckheim ist Zen-Meister. Bei solchen Menschen, wie auch generell bei den östlichen Religionen, kommt sofort der Einwand von Christen, dass sie doch gar keine Verbindung zu Gott haben können. Es fehle der Mittler zwischen Gott und den Menschen, nämlich Jesus Christus. Auf der anderen Seite haben Menschen wie Laotse (ca. 600 v. Chr.), dafür dass sie keine Verbindung mit Jesus Christus haben sollen, eine erstaunliche Weisheit. Und wären Menschen vor dem Erlösungswerk von unserem Herrn Jesus, genauer vor der Ausgießung des Pfingstgeistes, nicht in einem deutlichen Nachteil gegenüber Menschen, die danach lebten? Immerhin lebten nach der Bibel die ersten Menschen dieser Schöpfung seit ungefähr 4000 v. Chr.[1] Und diese Menschen hätten keine Chance auf Rettung gehabt? Das kann nicht sein! Ich denke, dass auch die Menschen vor dem sichtbaren Erscheinen Jesu in der Welt eine Chance auf Rettung hatten. Wie? Natürlich durch Werkgerechtigkeit, durch ein eigenes Tun, wozu man auch die mehrstufigen Pfade östlicher Religionen, eine Pilgerreise, u.v.m. zählen kann. Das gilt für Menschen im AT genauso, wie für Schüler anderer Lehren. Andrerseits wissen Christen, dass sie niemals in eigener Kraft, auch nicht bei extremer Selbstkasteiung, sondern nur in der Kraft Christi die Rettung haben

---

[1] Und alte archäologische Funde, die älter sind? Viele Bibelausleger sind sich einig, dass es vor dieser Schöpfung bereits eine (oder mehrere?) weitere Schöpfung(en) gegeben haben muss, denn Gott schafft nichts, was „öd und leer" ist. Lies 1. Mo.1,1 und 1. Mo. 1,2. Beachte die Lücke dazwischen. Das aber hier nur nebenbei.

können. Das Böse ist zu mächtig. Und wie entfernt man auch angefallene Sünden, wenn man keine Reinigung im Blute Jesu nehmen kann? Das geht doch gar nicht, denn man vergrößert zwar nicht mehr den Sündenberg aber er wird auch nicht verkleinert.

Was denn nun? Ich denke, dass heute der Weg nur über Jesus Christus führen kann (Joh. 1,12) und dass man vor langer Zeit vielleicht noch eine Verbindung zu Gott selbst erreichen konnte. Dann wurde es aber immer schwieriger, das Böse wurde immer mächtiger, und zum Zeitpunkt, als Jesus auf die Erde kam, als sich die Welt in völliger Dunkelheit befand, ging es gar nicht mehr in eigener Kraft. Wir brauchen Jesus, wie die Luft zum Atmen!

Dieses Zusammendenken von christlichem Denken und dem „inneren Weg" ist seit alters her auch im Westen unter dem Begriff „Mystik" bekannt. Da dieser Begriff viele Menschen, v.a. Christen, ängstigt, soll hierauf noch kurz eingegangen werden. Mystik meint die bewusste Vereinigung der Seele mit Gott. „In der tiefsten Ebene unserer Seele, still wie in der tiefsten Tiefe des Meeres, flackert Gottes Funke in uns. Doch dieser tiefste Punkt ist zugleich der höchste. Hier liegt unser innerer Himmel, hier sind wir ganz bei uns, frei von allem Begehren, Wollen und Bangen. Wollen wir Gott nahe sein, dann müssen wir uns auf die Reise zu unserem Mittelpunkt begeben. Wir müssen uns hingeben und versenken" (so lehrt es Meister Eckhart, zitiert nach Precht 2015: 528). Christen, die darum wissen, dass sie aus eigener Kraft die Gebote nicht erfüllen können, ahnen immerhin, dass es eine andere Kraft geben muss, aber viele erkennen nicht, dass der Mensch aus seiner Verantwortung nicht entlassen ist, diese Kraft, das Wirken Jesu in uns und durch uns, auch zuzulassen. Und was ist „Okkultismus"? Hier verbindet sich die Seele des Menschen auch mit etwas, nämlich mit Mächten der Finsternis. Finger weg davon, Finger weg von (schwarz-)magischen Praktiken insgesamt!

2.4.2 Hara

Bedeutung des Haras

> Die allgemein-spirituelle Funktion von Hara: „Unter Hara…versteht der Japaner diejenige Gesamtverfassung des Menschen, die ihn befähigt, sich den Kräften und der Einheit des ursprünglichen Lebens zu öffnen und sie zugleich in der Meisterung, Sinngebung und Erfüllung seines Lebens zu bezeugen (Dürckheim 2012, a: 8).

> Im Hara verbinden sich Seele und Leib.

> Im Hara steht man aufrecht, standfest und gesammelt, wie es Dürckheim sagt.

> Es ist schwierig den Hara zu halten, wenn man einer konzentrierten Tätigkeit nachgeht, aber als „Belohnung" winkt, dass alles, was man macht, dann müheloser geht (Ps.127).

> Der Hara ermöglicht es, längere Zeit gegenwärtig sein zu können. Doch es gilt nicht einfach krampfhaft längere Zeit nicht zu denken, oder sich vom Gedankenstrom zu lösen. Man kann auch gegenwärtig sein und irgendwie ein mulmiges Gefühl haben oder einfach Langeweile verspüren. Zu bedenken ist ferner, dass man nicht einfach „Platz" machen darf, denn der Feind könnte die Lücke nutzen - ungefragt! Deshalb ist der Hara untrennbar mit einer entsprechenden Geisteshaltung verknüpft: Freude, Dankbarkeit, Urvertrauen. Man ist sich bewusst, dass der Herrscher des ganzen Universums, unser Herr Jesus Christus, objektiv immer in uns ist und schafft damit das so wichtige subjektive 100%ige Vertrauen: ER, der Stärkere, ER, der Sieger, ER, der für uns streitet, ER, der uns rächt, nach dem Maß des Angriffs. Ist man also auf diese Weise in sich verwurzelt, steht man anders im Leben, anders in der Welt, da.

> Der Halten des Haras ist fundamental, wenn man (sichtbar oder unsichtbar) angegriffen wird.

Was ist der Hara?

„Hara ist das Energiezentrum des Menschen. Es hat seinen Sitz 3 cm unter dem Bauchnabel. Hara ist die Erdmitte des Menschen, oft auch als „innere Mitte" bezeichnet. Der Ort der Kraft, der Lebensenergie, der tiefen Stille und des Friedens. Das Handeln aus dem Hara heraus nennt man Hara-Gai...." (Polenski 2011: 280).

Wo liegt der Hara genau?

Es handelt sich um eine Stelle, die, wie in der Definition bereits gesagt, einige Zentimeter unterhalb des Bauchnabels liegt. Diese Stelle befindet sich in der Vertikalen „knapp unterhalb des Bauchnabels" (Dürckheim 2012, a: 14), „5 cm unter dem Nabel" (Dürckheim 2012, a: 39), „4 cm unter dem Nabel" (Dürckheim 2012, a: 211). Dem aufmerksamen Leser/der aufmerksamen Leserin wird nicht entgehen, dass all diese Angaben zweideutig sind. Ist damit nun eine Stelle gemeint, die bauchabwärts in Richtung der Genitalien liegt? Oder liegt die Stelle unter dem Bachnabel in horizontaler Richtung, also sozusagen in der Tiefe in Richtung der Wirbelsäule? Ich vermute, dass man den Körperschwerpunkt tatsächlich findet, wenn man sowohl in Richtung der Genitalien geht, als auch nach innen. Darauf deuten Angaben wie „im Beckenraum" (Dürckheim 2012, b: 80) und da es sich um den Körpermittelpunkt handelt, ist es ebenfalls schlecht vorstellbar, dass die Stelle „vorne" sitzt. Sie liegt also mehr innen-mittig. Hilfe: 3 Finger (Zeige, Mittel, Ring) entsprechen in Breite ca. 5 cm. Es mag auf den Zentimeter nicht ankommen, ist vielleicht auch von Mensch zu Mensch verschieden. Nicht zu hoch, nicht zu tief. Man wird irgendwann intuitiv wissen, wo die Stelle genau im eigenen Körper liegt.

Wie sieht der Hara aus?
Der Hara selbst ist gegenstandslos. Es wird also keine „weiße Energiekugel" vorgestellt. Auch Wärme wird nicht durch Vorstellung erzeugt. Das Formlose hat keine Form. Du sollst dir kein Bildnis machen. Einfach Bewusstsein in die Stelle legen. Sonst nichts!

Was heißt es, wenn man Bewusstsein in den Hara legt?
Das ist nicht das Gleiche, als ob man sich auf diese Stelle konzentriert. Das ginge auch wirklich nicht, während man sich auf etwas anderes, z.b. an der Arbeit, konzentrieren muss. Es ist vielmehr ein Beobachten, ein inneres Erspüren und inneres Erfühlen dieser Stelle gemeint.

Was, wenn du die Verwurzelung verloren hast?
Dies kann geschehen, wenn das Äußere zu „wild" oder zu „langweilig" ist. In dem Moment, wenn man das merkt, vorher geht's ja nicht, kann man sich über einen Atemzug wieder in den Hara niederlassen. Ein Halten des Haras verhindert, dass du dich nicht mit dem Gedankenstrom identifizierst. Ein Verlieren des Haras führt dazu, dass man wieder mit dem Gedankenstrom identifiziert ist. Dann verbindet sich die Seele wieder mit dem Denker. Wo du auch immer gehst, stehst, sitzt und liegst: Behalte immer etwas Bewusstsein im Hara!

2.4.3 Zazen

Mit spitzen Fingern angefasst, jetzt, seit vielen Jahren, nicht mehr aus meinem Leben wegzudenken, so könnte ich meine Begegnung mit Zazen kurz zusammenfassen. Was ist Zazen? Für mich ist es einfach Gegenwärtigkeit im Sitzen in einer besonders geschützten Atmosphäre. Gerade für diejenigen, die Mühe haben auch nur für Sekunden gegenwärtig zu bleiben, ist Zazen ein ideales Training. Es ist aber nicht nur ein Training, um so oft wie möglich gegenwärtig bleiben zu können, es ist selbst ein Gegenwärtig-keitsraum. Besser als der Zen-Meister Dürckheim kann man die Vorgehensweise beim Zazen nicht erklären. Hier in aller Kürze, wobei ich das „Hara"-Buch von Dürckheim für alle empfehle, die hier tiefer einsteigen wollen.

Zunächst gilt es, eine ganz spezielle Haltung einzunehmen: Der Grundgedanke ist ganz einfach. Es gibt eine Wechselwirkung zwischen dem Körper und Gedanken, Gefühlen. Wenn ein Mensch dauernd Angst hat, äußert sich das irgendwann in körperlichen Symptomen: Schultern hochgezogen, flache Atmung, Muskeltonus erhöht. Hilfe kann nun in der Beseitigung von Ängsten liegen und/oder in der bewussten Korrektur der Haltung.

Worauf ist bei der Haltung zu achten? Die Knie sollten unter Hüftniveau sein, Rücken gerade, man sollte sich in den Schultern loslassen, was etwas anderes ist, als die Schultern loszulassen, wie Dürckheim sagt. Hände unter dem Bauchnabel zusammengelegt, Daumen berühren sich, linke Hand liegt in der Rechten, das Kinn leicht zurücknehmen, Kopf gerade (Hinterkopf wie an Gummiband hochgezogen), dabei der Blick ca 1,5 m vor sich auf den Boden oder Augen geschlossen. Speziell im Sitzen, im Zazen: Knie etwas breiter stellen, Dreieck mit Becken bildend, Gesäß leicht zurücknehmen, auf Fersen sitzend, ggf. Gesäß unterpolstern oder einen „Kniehocker" verwenden. Man kann überall auf seine Haltung achten, also nicht nur im Sitzen, sondern auch im Stehen, hier stehen die Füße schulterbreit auseinander, im Liegen und beim Gehen. Ganz besonders wichtig im Zazen, also im Sitzen, ist die absolute Bewegungslosigkeit. Alles klar oder doch etwas verwirrend? Man kann sich das selbst beibringen, zumindest wenn man ein Buch wie das von Dürckheim hat. Hat man natürlich die Möglichkeit einen Lehrer zu kontaktieren, kann der natürlich viel gezielter von außen Fehlhaltungen korrigieren.

Erhörung

Andere Meditationslehren empfehlen den Schneidersitz. Dieser setzt aber eine gewisse Gelenkigkeit voraus. Im Zazen ist jedenfalls der Fersensitz das Mittel der Wahl, wobei Ältere (und auch Jüngere) hier wie gesagt relativ leicht Probleme durch eine Unterpolsterung des Gesäßes beseitigen können. Und wenn wir schon beim Sitzen sind: Beim u.a. genannten „Kleinen Energiekreislauf" sitzt man idealerweise einfach auf einem Stuhl.

Der Körper sollte dann in einer Spannungsbalance gehalten werden: Es geht darum, dass der Mensch nicht von einem Zustand totaler Verkrampfung nun in totale Auflösung wechselt, wie bei einigen westlichen Entspannungstechniken. Vielmehr gilt es, locker zu bleiben (Kinn, Schulter u.a.) und standfest. Ein Kampfsportler kennt die Balance: Er muss locker und geschmeidig z.B. einem gegnerischen Angriff ausweichen und gleichzeitig standfest, nicht umzuwerfen sein, wenn ihn ein Stoß trifft.

Schließlich weist Dürckheim noch auf die Bedeutung der Atmung hin: Ihre große Bedeutung liegt hier in der engen Verbindung mit dem Hara. Immer wenn du den Hara verlierst, kommst du über einen Atemzug wieder leicht in den Hara zurück. Die Einatmung wird nur passiv beobachtet, geht automatisch, dauert nur wenige Sekunden. Letztlich sollte auch die Ausatmung nur beobachtet werden. Jedes Eingreifen bedeutet, dass unser „Ich" nicht gewillt ist, etwas aus der Hand zu geben. Bei Beginn der Ausatmung lässt man sich in den Schultern los und lässt sich dann mit der Ausatmung im Hara nieder. Unterbauch leicht angespannt, was die o.a. Standfestigkeit hervorbringt aber Magengrube locker. Weil aber die Ausatmung i.d.R. zu flach ist, man atmet nicht richtig aus, sollte die Ausatmung, zumindest am Anfang, subtil, nicht zu forciert, minimal, aktiv verlängert werden. Sie wird allmählich automatisch länger. Am Ende der Ausatmung wird eine kleine Pause gemacht, weshalb man am Ende der Ausatmung nicht die ganze Luft herausgepresst haben sollte, so Dürckheim. Hier wird dem „inneren Körper" nachgespürt. Hier erfolgt das „Zulassen".

Meiner Meinung nach und das sehen vermutlich einige Zen-Leute, die besonders das Sitzen betonen, anders, ist es aber am Wichtigsten, das Bewusstsein in den Hara zu legen und nur zu beobachten, nichts zu machen (auch nicht irgendwelche Atemübungen) und nichts zu erwarten! Nur gucken, nur beobachten mit dem Bewusstsein im Hara. Auf die Frage nach möglichen „Beobachtungsgegenständen" gehe ich weiter unten genauer ein aber schon hier sei gesagt, dass die Beobachtung aufsteigender Gedanken besonders wichtig ist. Wir unterdrücken diese Gedanken nicht, sondern wir beobachten sie, so als ob eine Stimme einer Moderatorin/ eines Moderators aus einem Radio ertönt, was irgendwo im Zimmer steht und wo uns natürlich gleich klar ist, dass diese Stimme nicht Teil von uns ist. Eben die Stellung „Hara-Gegenwärtigkeit/Zazen"!

Wenn ich sage, dass wir mit unserem Bewusstsein in den Hara gehen und auf aufsteigende Gedanken achthaben, wie die Katze die vor einem Mauseloch sitzt, wie es Tolle so nett formuliert, heißt das aber nun nicht, dass nur ein rein „technisches Verhalten" an den Tag gelegt werden soll. Vielmehr ist man sich gleichzeitig bewusst, dass der „Gottesfunken" (s.u.), ja die göttliche Dreifaltigkeit insgesamt, wenn man nach Joh. 1,12 gehandelt hat (s.u.), in uns ist und sich immer stärker in uns ein- und durch uns durchwirken will, ja das wir immer mehr vom Göttlichen durchwoben werden. Das Göttliche ist in uns aber es strahlt auch über uns hinaus, sodass wir jetzt verstehen, wenn es heißt, dass „ER in uns ist und wir in IHM" sind. Ein herrliches Gefühl der Geborgenheit sollte sich einstellen, wenn wir das wirklich so nehmen und nicht nur intellektuell erfassen und dies natürlich auch im Alltag.

Ich empfehle: Christliches Zen, „zenliches" Christsein!

3 Gott – Dreiheit - Wille

Bevor ich nun im nächsten Kapitel auf die eigentlichen Voraussetzungen eingehe, die für ein erhörliches Gebet erforderlich sind, damit Jesus helfen kann, wenn ER es denn will, gilt es noch die beiden Vorbedingungen zu erwähnen, die natürlich gegeben sein
müssen, bevor überhaupt mittels der Voraussetzungen an die Erhörung eines Gebetes gedacht werden kann. Zum einen geht es
um die Frage, ob es überhaupt Gott gibt, denn es wäre ziemlich
sinnfrei über erhörliche Gebete zu reden, wenn da niemand ist, der
erhören kann. Zum anderen muss der Mensch natürlich in der
Lage sein, seinen Willen, eine Bitte, auch zu artikulieren. Er muss
also über einen freien Willen verfügen. Es geht also um die Frage,
ob der Mensch überhaupt über einen freien Willen verfügt. Mit beiden Fragen beschäftigt sich dieses Kapitel.

3.1 Gibt es Gott?

3.1.1 Kann man die Existenz Gottes beweisen?

Tatsächlich ist es nicht so ganz einfach, die Existenz Gottes zu
beweisen, obwohl die Frage nach Gott klar zu bejahen ist. Jedenfalls bejahe ich diese Frage genauso, wie sie meine Leserinnen
und Leser bejahen werden. Aber es gibt natürlich auch Atheisten,
Materialisten und Naturwissenschaftler, die nicht an die Existenz
Gottes glauben. Da diese es eher nicht sind, die mein Buch lesen,
könnte ich an dieser Stelle das Kapitel beenden. Allerdings glaube
ich, dass es hier interessante Aspekte gibt, die es wert sind, einer
näheren Betrachtung unterzogen zu werden.
Gerade in der Philosophie wurde immer wieder versucht, die Existenz Gottes zu beweisen. Augustinus (354 – 430 n.Chr.) versuchte
es. Er sagte, dass ein Mensch, der in sich selber blickt, erkennen
muss, dass es Wahrheit gibt. Ist nun aber die Vernunft in der Wahrheit? Um das zu beurteilen muss es einen Maßstab geben, der

höher steht als das, was er beurteilt (vgl. Weihschedel 2012: 91). „Was aber die Vernunft übersteigt, ist Gott" (Weihschedel 2012: 91).

Ein weiterer Gottesbeweis stammt von Anselm von Canterburry (ca. 1033 – 1109 n.Chr.). Er formulierte, dass Gott das ist, „über das hinaus nichts Größeres und Vollkommeneres gedacht werden kann" (Precht 2015: 435, 436). „[D]ie Idee Gottes, als des absolut Größten, …[meint]…die größtmögliche Fülle der Seinsmöglichkeiten…" (Weihschedel 2012: 97) und zu den Eigenschaften der Vollkommenheit gehört die Eigenschaft des Existierens. Etwas was nicht existiert ist somit nicht vollkommen. „Wenn also Gott das Vollkommenste ist, das gedacht werden kann, dann gehört zu seiner Vollkommenheit logischerweise auch dazu, dass Gott existiert" (Precht 2015: 436).

Der dritte Philosoph, der hier genannt werden soll, ist Thomas von Aquin (1225 – 1275 n.Chr.). Zunächst stellt von Aquin fest, dass die ganze Welt in Bewegung ist. „Überall in der Welt entsteht und vergeht etwas, und aus Möglichkeiten wird Wirklichkeit" (Precht 2015: 472, 473). Doch was ist die Erstursache der Bewegung, was ist der „unbewegte Beweger", wie das Aristoteles ausdrückt (vgl. Precht 2015: 473)? Weiter erkannte Thomas von Aquin das Prinzip von Ursache und Wirkung. Und auch hier fragte er, was die „unverursachte Erstursache" (vgl. Precht 2015: 473) sein kann. „Das dritte Argument von von Aquin dreht sich um die Existenz des Zufälligen. „Woher kommen die vielen zufälligen Dinge in der Welt? … Jedes zufällige Sein existiert aus einem anderen Sein heraus, von dem es sich ableitet. Auch hier gelangen wir am Ende zu einem unzufälligen Sein" (Precht 2015: 473). Diese „Erstursache" kann jeweils nur Gott sein.

Nehmen wir ein Beispiel: „Urknalltheoretiker" erklären uns, dass am Anfang die Materie extrem verdichtet war und dann explo-

dierte. Gut, aber woher kam die Materie? Sie entstand aus Strahlung. Gut, aber woher kam die Strahlung? Es muss einen „unbe-
wegten Beweger", eine „unverursachte Erstursache", geben! Die
Frage ist doch, ob etwas aus Nichts entstehen kann und die Phy-
siker selber weisen doch darauf hin, dass wir keine Energie erzeugen können. Wir können Strom erzeugen, indem wir z.b. Wind-
energie in elektrische Energie umwandeln, aber ein Mensch kann
nicht Energie erschaffen („Energieerhaltungssatz der Physik"). Die
„Urknalltheorie" ist also keinesfalls ein Gegenentwurf zur biblischen Schöpfungsgeschichte, sondern hier wird versucht zu erklären, „wie" die Welt entstand aber eben nicht „warum". Das ist Aufgabe der Theologie und der Philosophie. Doch kehren wir zu
Thomas von Aquin zurück. Sein viertes Argument lautet, dass wir
die Dinge in der Welt beurteilen. Das geht nur, wenn es jeweils ein
„Optimum" (Precht 2015: 473) gibt. Und was kann dieses „Optimum" nur sein? Gott natürlich. Diese vier Gottesbeweise von von
Aquin nennt man „kosmologische" Gottesbeweise. Doch von
Aquin hat noch einen fünften Gottesbeweis im „Rucksack": So
sinnvoll die Natur eingerichtet ist, muss sich das jemand ausge-
dacht haben: Gott. In Abgrenzung zu den „kosmologischen" Got-
tesbeweisen spricht man hier von einem „teleologischen" Gottesbeweis.
Wer nun doch etwas Mühe hatte, den Gedanken dieser großen
Philosophen zu folgen, dem sei zur Beruhigung gesagt, dass man
diese Überlegungen eigentlich gar nicht benötigt, um zu erkennen,
dass es Gott gibt. Jedes Kind, was versonnen z.B. eine kleine
Blume oder die Regentropfen auf einer Fensterscheibe betrachtet
oder sein Abendgebet spricht, kann das intuitiv „wissen".
Und diese Gottesbeweise sind auch angreifbar, weil es ein Widerspruch in sich ist, das „Wesen des Unbegreiflichen", wie es Laotse

sagt, mit dem Verstande begreifen zu wollen. Es geht nicht [2] Man kann mit dem Verstande allenfalls zu der salomonischen Aussage von Kant gelangen, dass man die Existenz Gottes nicht beweisen, aber auch die Nichtexistenz Gottes nicht beweisen kann.

Soll aus dem, was wahr ist, also nicht Wirrwar werden, (sinngemäß nach Precht), sollte man die Grenzen der Ratio einfach anerkennen, und den einzigen Weg zur Gewissheit beschreiten, den Meister Eckhart (1260 – 1328) nennt:

„In der tiefsten Ebene unserer Seele, still wie in den tiefsten Tiefen des Meeres, flackert Gottes Funke in uns. Doch dieser tiefste Punkt ist zugleich der höchste. Hier liegt unser innerer Himmel, hier sind wir ganz bei uns, frei von allem Begehren, Wollen und Bangen. Wollen wir Gott nahe sein, dann müssen wir uns auf die Reise zu unserem Mittelpunkt begeben. Wir müssen uns hingeben und versenken" (Precht 2015: 528). Dann haben wir Gewissheit. Zazen!

---

[2] So gibt es gegen den Gottesbeweis von von Canterburry z.B. folgenden Einwand: „Dass Gott das ist, worüber hinaus nichts Vollkommeneres gedacht werden kann, ist mein Gedanke. Und das dazugehört, dass Gott existiert, ist ebenfalls mein Gedanke! Vorher weiß ich, dass meiner Vorstellung von Gott, sei sie auch noch so stringent, ein ebensolcher Gott in der Außenwelt entspricht" (Precht 2015: 436)? Meine Antwort: Der Frager geht von einer falschen Perspektive aus. Es ist nicht so, dass die Existenz Gottes an mein Bewusstsein gebunden ist, wie die Zeit, von der man sagen kann, dass sie ohne Bewusstsein gar nicht existiert. Es ist umgekehrt. Meine Seele, mein Bewusstsein, die einen Gedanken hervorbringt, würde ohne eine Ursache, ohne Gott gar nicht existieren. Es muss also zuerst Gott da sein. „Eigentlich können wir das Universum nur deshalb denken, weil das Universum in uns denkt" (Cheng 2018: 92). Genauso wenig, eine Stufe tiefer, bildet übrigens nicht das Gehirn das Bewusstsein, wie die Naturwissenschaft, namentlich die Medizin, glaubt, sondern das Bewusstsein bildet das Gehirn, um sich zu artikulieren, wie es sinngemäß Tolle sagt.

3.1.2 Ist die Existenz Gottes mit der sichtbaren Schöpfung zu beweisen?

Wer sich noch auf die Seite der Zweifler stellt, für den gibt es noch einen Beweis, der möglicherweise besser, weil unmittelbarer, ist: Die Existenz der Schöpfung, die eng mit der Frage nach Gott verbunden ist. Von Aquin sprach ja bereits von der so sinnvoll eingerichteten Natur. Ich erinnere mich noch gut an die Frage, die ein Pfarrer im Religionsunterricht während meiner Altenpflegeausbildung in den 90er Jahren aufwarf, ohne sie freilich zu beantworten: „Warum hat Gott die Welt geschaffen, ER hätte es doch auch bleiben lassen können?" Wer die Schöpfung lediglich als Folge zufälliger biochemischer, physikalischer Prozesse mit einer Wahrscheinlichkeit von 1 zu zig Milliarden betrachtet und sich seriöser dünkt als Menschen, die an die Existenz Gottes glauben, dem ist nicht zu helfen! Man kann das doch nicht ernsthaft für Zufall halten. Gibt es die Schöpfung, muss es Gott geben! Nun kann man diese Kausalität aber nicht einfach umdrehen. Muss es die Schöpfung geben, wenn es Gott gibt? Und damit bin ich wieder bei der Frage des Pfarrers. Warum ist diese Frage wichtig? Wer als Christ hierauf keine Antwort hat gerät leicht ins straucheln, wenn dann Naturwissenschaftler in Gestalt von Astrophysikern daherkommen und insistieren, dass die Weltentstehung eben doch nur eine Folge physikalischer Prozesse war, denn das „Eine" hätte ja gar keinen Grund, die Welt zu erschaffen. In der Folge kommen Atheisten obenauf, die gar die Religion des Menschen, seine gesamte Spiritualität, in Frage stellen, mit der Behauptung, es gäbe gar keinen Schöpfergott. Man sollte also wenigstens eine vage Vorstellung davon haben, wieso es zur Schöpfung kam.

Plotin (205-270 n.Chr.) gibt darauf die folgende Antwort. Bevor ich sie darstelle, soll aber kurz erwähnt werden, welche „Gründe" gerade keine Gründe sind. Gott empfindet kein Bedürfnis, weil das „Bedürfen von etwas" einen Mangel ausdrücken würde. Auch die

Erhörung

Liebe Gottes wäre ein Mangel, da in menschlicher Liebe immer eine „Sehnsucht" steckt; so zurecht Plotin. Allerdings gilt das nicht für die Agapeliebe (= die höchste Liebe), weshalb es nicht falsch sein muss zu behaupten, dass die Liebe Gottes der Grund für die Schöpfung ist, wenn denn Agapeliebe gemeint ist. Begründungen, dass Gott die Menschen für Seine eigene Seligkeit bräuchte (vgl. Sudbrack 2010: 66) oder dass Gott die Menschen bräuchte, um sich selbst zu erkennen, genauso wie man Stille braucht, weil man erst dann Töne erkennen kann, befriedigen mich hingegen nicht, denn das würde ebenfalls bedeuten, dass bei Gott ein Mangel vorliegt. Was aber ist der Grund? Hier möchte ich nun eine längere Passage von Weihschedel zitieren. Es scheint mir hier nicht sinnvoll, krampfhaft zu versuchen, diesen Prozess irgendwie mit eigenen Worten zu beschreiben.

„Plotin führt den Gedanken der Weltwerdung des Einen so weiter, dass er einen nicht zeitlichen [!], sondern nur als paradox zu verstehenden, ewigen Prozess annimmt. Die erste Stufe ist das Eine als solches, und so, wie es rein in sich selber ist. Der Prozess nun kommt dadurch in Gang, dass das Eine sich selber erblickt. Dadurch entsteht die zweite Stufe, der Geist und die in ihm enthaltene geistige Welt, die Welt der Ideen. Diese beiden, eng miteinander verbunden, sind Abbilder des Einen, aber sie verlieren dessen Reinheit. Denn nicht nur trägt die geistige Welt die Fülle der Ideen in sich, auch der Geist ist als das Gesamt aller Einzelgeister eine Vielheit; zudem liegt schon in der Scheidung von Geist und Ideenwelt eine Zweiheit. Die dritte Stufe kommt dadurch zustande, dass der Geist hinabblickt; dadurch entsteht die Weltseele. Sie befasst eine große Mannigfaltigkeit in sich, sofern ihre Teile, die einzelnen Seelen sind. Die Weltseele nun, noch immer dem ewigen Bereich angehörig, blickt ihrerseits hinab und lässt dadurch den Kosmos, die endliche Sinnenwelt, die Welt der Dinge in ihrer ungeheuren Mannigfaltigkeit, entstehen. Das ist die vierte Stufe" (Weischedel

2012: 81). Das kann nicht erklärt werden. Man kann das nur staunend zur Kenntnis nehmen.

Ich möchte meine Leserinnen und Leser aber auf eine bemerkenswerte Parallelität aufmerksam machen. Auch im Taoismus, ohne das freilich im Rahmen dieses Buches zu vertiefen, wird vom Einen, „Leere" genannt, ausgegangen, das irgendwie angeregt wurde, was dann zu einer Dualität führte, die hier mit „Yin" und „Yang" bezeichnet wird. Aus deren Zusammenspiel resultiert das „Chi". Gehen wir zu Plotin zurück, scheint das „Chi" irgendetwas mit der Weltseele und dann wohl auch mit den Einzelseelen zu tun zu haben. Hierauf werde ich später noch einmal kurz zurückkommen.

Zum Prozess den Plotin beschreibt gehört auch die Rückkehrbewegung. Der Mensch als Ausfluss der Schöpfung Gottes strebt nach der Rückkehr zum All-Einen. Aber warum? Die Bibel nennt in Mt. 6,44 als Grund, dass Gott „zieht". Aber warum „zieht" ER? Hier greife ich auf eine Erklärung von Platon zurück. Ob sie plausibel ist, mag jeder Leser/ jede Leserin selbst entscheiden aber es ist eine Erklärung. Platon sagt, dass der Mensch in seiner Präexistenz, also vorgeburtlich bzw. nachtodlich, die Urbilder von den Dingen um sich herum sieht. „Von dieser Schau her, die dem Menschen in der Präexistenz gewährt worden ist, bleibt ihm sein ganzes Leben hindurch eine Sehnsucht" (Weischedel 2012: 51). Deshalb also strebt der Mensch zu Gott zurück. Das „Ziehen Gottes" ist also begründet in einer Sehnsucht, in einem Gefühl von Mangel beim Menschen, nicht bei Gott. Wichtig scheint mir noch darauf hinzuweisen, dass diese Sehnsucht ausgelöst wird, weil der Gottesfunken jedem Menschen inhärent ist, (s.u.). Das Göttliche will sich im Menschen aus- und durchwirken. Das belegen zahlreiche Bibelstellen: Rö.15,18, 1.Kor.12,6, Eph.3,20, Phil.2,13, Kol.1,29 u.a. Wenn das wiederum so ist, hat der Mensch einen göttlichen

Erhörung

Auftrag. Er ist verpflichtet, dieses Wirken des Göttlichen zu ermöglichen. „Die Bestimmung des Menschen ist es, in seiner Weise zu zeugen vom göttlichen Sein" (Dürckheim2012, b: 10). Es gilt, um es mit Dürckheim zu sagen, „das göttliche Sein im Dasein zu manifestieren" (Dürckheim 2012, b: 11). Dies könnte die Ausgestaltung des „Ziehens" sein.

Die Rückkehrbewegung bei Plotin erinnert an „spirituelle Stufen": Der Mensch fängt zunächst an, sich vom „individuellen Daseinsgenuss" (Weischedel 2012: 82) abzuwenden, und sich ehrenvollen „Tugenden" (Weihschedel 2012: 82) zuzuwenden. Auf der zweiten Stufe wird das nun gesteigert. „Hier reinigt sich die Seele, zieht sich auf sich selber zurück, und gelangt dadurch auf die Ebene des Übersinnlichen, auf der sie ursprünglich beheimatet ist" (Weischedel 2012: 83). Mit anderen Worten: Wer das „Ich" loslässt legt frei, was dahinter ist, unsere Seele, unser reines Bewusstsein. „Die dritte Stufe bringt den Aufstieg, vom bloß seelischen des Ich zu dessen geistigem Wesen; hier entspringt die theoretische, die philosophische Existenz, die ihre Freude an der Schau der Ideen hat" (Weischedel 2012: 83). Man legt in der Wendung nach innen die Verbindung zum Göttlichen frei, die zwar alle Menschen haben, die aber bei vielen völlig verschüttet ist. „Die vierte Stufe schließlich besteht darin, dass man alles Einzelne, selbst die Ideen, fahren lässt, dass man aus der Welt entrückt wird, dass das Wissen von sich selbst erlischt, dass man „in das Unbetretbare der Seele" gelangt; hier wird es dann möglich, dass der Mensch und die Gottheit wahrhaft eins werden. Diese vierte Stufe bringt das entscheidende Geschehnis: dass wir an allem, was nicht Gott ist, vorübergehend mit unserem reinen Selbst jenes Obere rein erblicken, ungetrübt, einfach, lauter" (Weischedel 2012: 83). Auch das kann nicht erklärt werden. Auch das kann man nur staunend zur Kenntnis nehmen.

3.1.3 Zeit und Schöpfung

Wenn Gott also die Schöpfung hervorgebracht hat, könnten Kritiker die Fragen anschließen, was war vor der Schöpfung, was wird danach kommen und gibt es wiederkehrende Zeitabläufe? Auch hier sollte man wenigstens eine vage Vorstellung haben. Augustinus sagt dazu Folgendes:

„Seiendes gibt es nur dadurch, dass etwas da ist. Wenn aber erst die Schöpfung dafür sorgte, dass etwas in die Welt kam, so gab es zuvor ebenso nichts Seiendes. Die Zeit aber ist an das Sein gebunden und –noch wichtiger- an das Bewusstsein von Wesen, die Zeit empfinden [denn nach Augustinus „existiert Zeit nur dadurch, dass jemand ein Bewusstsein von Zeit hat" (Precht 2015: 396)]...Es gibt nur ein flüchtiges subjektives Zeiterlebnis auf der einen und eine göttliche Zeitlosigkeit auf der anderen Seite" (Precht 2015: 396).

Dürkheim spricht in diesem Zusammenhang vom „überraumzeitlichen Sein" und vom „raumzeitlichen Dasein"! Es gibt kein göttliches Vorher, weil es keinen Zeitverlauf gibt, wie in der Welt der Form. Gottes Jahre sind alle zugleich, wie auch Ps.102,28 bestätigt. Man sagt die Zeitpunkte „koinzidieren". Wenn Jesus in der Schrift davon spricht, dass er das A und das O ist, darf man sich das nicht so vorstellen, als sei ER gestern das A gewesen, jetzt ist ER irgendwo dazwischen und bald wird ER das O sein. Gemeint ist: ICH bin das A und das O zugleich. Das gilt nebenbei bemerkt auch für den Raum: Gott ist überall zugleich.

Natürlich gilt das nicht bei mit Bewusstsein ausgestatteten Menschen. Hier gibt es ein Vorher und Nachher. Ein Geburtstag im Juni liegt vor einem Geburtstag im September und umgekehrt. Zugleich wird ein Geburtstag erst Zukunft, dann Gegenwart und schließlich Vergangenheit sein.

Wenn es bei Gott keine Zeit gibt, gibt es auch keine Kreisläufe, denn jeder Kreislauf setzt eine zeitliche Ausdehnung voraus. Und auch hier ist es so, dass dies nicht für den Menschen gilt. Im menschlichen Bewusstsein gibt es Kreisläufe. Man denke an die Jahreszeiten. Ein Ereignis, z.b. der Winter, wiederholt sich immer wieder, wenn der Winter 2017/18 natürlich vor dem Winter 2018/19 liegt und irgendwann noch Zukunft ist und bald Gegenwart, bald Vergangenheit sein wird. Niemand steigt zweimal in den gleichen Fluss, wie Heraklit sagt.

3.2 Dreiheiten

3.2.1 Göttliche Dreifaltigkeit: Gott Vater – Jesus Christus – Heiliger Geist

Wie oben bereits erwähnt, kann man das Wesen Gottes mit dem Verstand nicht erfassen. Man sollte es vielleicht gar nicht versuchen. Man kommt Gott ja näher, wenn man sich spirituell immer höher entwickelt. Dennoch kann ich dieses Kapitel nicht einfach überspringen, denn es ist schon irgendwie verwirrend, wenn die einen von der „göttlichen Dreifaltigkeit" (Christen) sprechen, während andere einfach nur vom „Göttlichen" (z.b. östliche Religionen) sprechen. Wer hat recht? Oder gibt es da gar keinen Widerspruch?

Gott Vater
Vom menschlichen Geist, unserem Verstand, von dem z. B. in 1. Thess.5,23 die Rede ist, ist der göttliche Geist, der Geist Gottes, zu unterscheiden, von dem z.B. in 1.Kor. 3,16 die Rede ist. Das ist nun sehr wichtig. Zur Seele gehört nämlich auch der göttliche Geist. Meister Eckhart spricht vom „Gottesfunken". „Auf die Frage „Was in der Ordnung des Lebens ist fähig zu beleben?" geben alle Denkrichtungen einstimmig die Antwort: der Lebenshauch" (Cheng 2018: 23, 24). Der göttliche Geist ist ein „Teilchen" von **Gott Vater**, der „Funken Gottes", der jedem Menschen, jeder Seele, inhärent ist. „Das Fünklein [in] der Seele, dass da geschaffen ist von Gott

und ein Licht ist, ist von oben her eingedrückt und ist ein Bild göttlicher Natur, ..." (Meister Eckhart in Sudbrack 2014: 48). Ohne diesen „Gottesfunken" gäbe es jedenfalls den Menschen nicht und zwar nicht in dem Sinne, dass er zerfallen würde, sondern in dem Sinne, dass er gar nicht erst entstanden wäre. Es ist das göttliche Sein, was jedem Menschen eingeschrieben ist. Es ist ein „Teilchen" von Gott, der irgendwo „im Himmel" thront, unbegreiflich, unnennbar, ewig, unendlich, unnahbar, mit Worten nicht fassbar. Ohne diesen „Gottesfunken" wäre nichts anderes. 1. Kor. 3,16 kann als Bestätigung verstanden werden. Jedenfalls ist hier keine Rede davon, dass das nur dann gilt, wenn wir nach Joh. 1,12 (s.u.) gehandelt haben.

Die Seele, die ja von Gott ausgegangen ist, hält die Verbindung zum Göttlichen. Diese Verbindung nicht zu verschütten und den göttlichen Teil immer mehr zur Geltung zu bringen und in dieser Welt gleichzeitig seinen Mann/ seine Frau zu stehen, also das eine in das andere zu integrieren, ist unsere Lebensaufgabe.

Jesus Christus

Die göttliche Dreieinigkeit besteht aus Gott Vater aber auch aus seinem **Sohn Jesus Christus**. Wer ist Jesus Christus? Hier empfehle ich das Buch „Wer ist Jesus Christus?" von Gossweiler, was im Literaturverzeichnis angegeben ist. Jedenfalls wurde die o.a. Verbindung zum Göttlichen immer mehr verstellt. „Welt ging verloren", wie es in einem Lied heißt. Da sandte Gott Seinen Sohn... „Jesus ist das Lamm, das der Welt Sünde trug. Die Strafe liegt auf Ihm, daß [!] wir Frieden haben. Durch seine Wunden sind wir geheilt" (Gossweiler (b, ?): 7). ER versöhnte uns wieder mit Gott durch sein Erlösungswerk, wo ER die Sünden einer ganzen Menschheit mit in den Tod nahm. Und seit Pfingsten dürfen wir Jesus in uns aufnehmen, um so in die engste Gemeinschaft mit IHM zu kommen. Damit Gott, der Vater, den Sohn Jesus Christus in unsere Seele „gebiert", wie es Meister Eckhart sagt, bedarf es

Erhörung

nun einer bewussten Willensentscheidung (Joh.1,12). Man muss Jesus Christus mit einer bewussten Willensentscheidung aufgenommen haben; das Hauptanliegen Gossweilers! Dass Jesus eben nicht „per se" in meiner Seele ist, bestätigt die Bibel mit Joh.1,12 unbedingt. Und Rö. 8,9 sagt ganz klar: „Wer IHN nicht hat, ist nicht sein." Man kann IHN also auch nicht haben! Käme ER automatisch, könnte man ihn nicht nichthaben! Dies ist klar vom „Funken Gottes" zu unterscheiden, der jedem Menschen inhärent ist. Wenn also in östlichen Religionen vom „Zulassen des göttlichen Seins" die Rede ist, bezieht sich das auf Gott Vater, stammend aus einer Zeit, wo Jesus noch nicht Mensch geworden war, während ich, wenn die engste Verbindung hergestellt ist, Jesus Christus meine. Vielleicht lässt sich das auch gar nicht auseinanderhalten.

Heiliger Geist
Zur göttlichen Trinität/Dreieinigkeit/ Dreifaltigkeit gehört aber noch ein Drittes: Der **Heilige Geist**.
Für alle nicht so bibelfesten Leserinnen und Leser sei das Erlösungswerk unseres Herrn Jesus in Erinnerung gerufen: Unser Herr Jesus wurde ca. an Weihnachten geboren, wandelte ca. 33 Jahre auf der Erde, davon ca. die letzten 3 Jahre öffentlich, dann wurde ER gekreuzigt (Karfreitag). Drei Tage später kam es zur Auferstehung (Ostersonntag) und 40 Tage später zur Himmelfahrt. Nun sitzt ER zur Rechten Gottes des Vaters. ER ist, wie es in Apg. 2,33 heißt, zur Rechten Gottes erhöht worden. 10 Tage später kam es dann zur Ausgießung des Pfingstgeistes. Es ist dem Menschen von diesem Moment an möglich, nach Joh.1,12 zu handeln und so den Sohn in sich aufzunehmen.
Wir in IHM, ER in uns!
Apg. 2,33 schildert nun im ersten Teil, wie Jesus selbst zunächst den Heiligen Geist empfangen hat, den ER dann seinerseits, gemäß des zweiten Teils von Apg.2,33, auf die Gläubigen ausgießt.

Erhörung

Apg. 2,33 (1.Teil): „Nachdem er nun durch die Rechte Gottes (oder zur Rechten Gottes) erhöht worden ist und den verheißenen Heiligen Geist empfangen hat vom Vater, ...“

Der Heilige Geist ist also eine Gabe, die unser Herr Jesus nach vollbrachtem Erlösungswerk empfangen hat. Es ist also legitim zu sagen, dass man den Heiligen Geist hat, wenn man unseren Herrn Jesus (in sich aufgenommen) hat.

Der Heilige Geist kann reden (Mk. 13,11), ist Anwalt, Beistand (Joh.14, 16), verleiht Kraft (Apg. 1,8), gibt Traumoffenbarungen (Apg. 2, 17), kann aussenden (Apg.13,4), kann heilen (Mt.12,22 i.V.m. Mt. 12,31), ist Helfer (Joh.16,7) u.a. Man sieht, der Heilige Geist ist eine Art ausführende Instanz. Der Heilige Geist ist eine Art „Mittler“, eine „Brücke“ zwischen Jesus Christus, der die Gaben bereithält und den Menschen, wie Jesus ein Mittler zwischen Gott und den Menschen ist. Ich sehe es so: Betet ein Kranker um Gesundheit, hat Jesus Gesundheitskräfte parat, die dem Kranken dann durch den Heiligen Geist zugeeignet werden.

Die entscheidende Frage lautet nun: „Erhalten wir die Gabe des Heiligen Geistes automatisch?

Apg. 2,33 (2.Teil): „... vom Vater, hat er jetzt diesen (Geist), wie ihr selbst seht und hört, hier ausgegossen [auf die Menschen].“

Damit ist nun nichts darüber gesagt, ob der Mensch, der nach Joh. 1,12 gehandelt hat, nun automatisch die Gabe des Heiligen Geistes empfangen hat. D.h., empfangen hat der Gläubige die Gabe dann ganz sicher. Aber gilt es nicht trotzdem dann noch um diese Gabe zu bitten? Ich nehme mal das Beispiel „Gesundheitskräfte“. Natürlich hat man „Gesundheitskräfte“ in sich, wenn man Jesus Christus in sich hat, denn in IHM liegen verborgen alle „Schätze“ (vgl. Kol. 2,3), so auch Gesundheitskräfte. Aber man muss natürlich mit artikuliertem Willen um Gesundheit beten, wenn man Gesundheit anbegehrt. Nach dieser Analogie sollte man also auch einmalig um die Gabe des Heiligen Geistes beten.

Gossweiler gibt in seinem Rundbrief zum Heiligen Geist (RB 46) einen Katalog von nicht weniger als 6 verschiedenen Maßnahmen/Möglichkeiten an, wie man den Heiligen Geist empfangen kann. Dies ist nun in zweierlei Hinsicht hochinteressant: Zum einen kann man hieran sehen, dass es tatsächlich eines Extratuns per se erfordert, um die Gabe des Heiligen Geistes zu erlangen. Zum anderen wird ausgerechnet Joh.1,12 hier nicht aufgeführt! Eine Handlung nach diesem Vers, scheint also nicht zu reichen. Was ist mit der Taufe? Genauso wenig wie die Taufe von der späteren Handlung nach Joh.1,12 entbindet, genauso wenig entbindet sie von der bewusst artikulierten Bitte um die Gabe des Heiligen Geistes nach z.B. Lk.11,13. So meine Lesart.

Dennoch sollen meine Leserinnen und Leser wissen, dass der Gottesmann Gossweiler die Bitte um den Heiligen Geist nicht explizit erwähnt. Also doch keine weitere Handlung nach der Handlung von Joh. 1.12? Jedenfalls denke ich, nachdem man nach Joh. 1,12 gehandelt hat, dass man doch eigentlich nichts verkehrt machen kann, wenn man um die Gabe des Heiligen Geistes bittet, auch wenn der Heilige Geist schon in uns ist, sobald Jesus in uns ist. Hier sind meine Leserinnen und Leser aufgefordert, selbst weiter zu forschen.

3.2.2 Menschliche „Dreiheit": Leib – Seele - Geist

Wenn der Mensch nach Gottes Ebenbild geschaffen wurde, so ist es nur folgerichtig, auch beim Menschen von einer „Dreiheit" auszugehen. Und so ist es bekanntlich ja auch. Der Mensch besteht aus Leib, Seele und Geist.

Der Leib

„Der Körper ist die Werkstatt der Seele, in der der Geist seine Übungen abhält" (Hildegard von Bingen, zitiert nach Cheng 2018: 50). Der Körper ist sozusagen das „Gefährt" der Seele, das es uns ermöglicht zu sein. Inwieweit sich Körper und Seele durchdringen kann ich nicht genau sagen, eine völlige „Verschmelzung" kann aber nicht vorliegen, wenngleich der Körper ganz ausgefüllt ist, denn wenn der Mensch stirbt, verlässt bekanntlich die Seele den Leib. Wenn Dürckheim sagt, dass "an die Stelle des Begriffs eines Körpers, den der Mensch (…) „hat", das Wissen um den Leib tritt, der man ist" (Dürckheim 2012, a: 104), geht es ihm nur darum auf-zuzeigen, dass wir zwar einen Körper haben, aber nicht im Sinne der „Maschinenmedizin", sondern, dass er zum „Leib" wird, der wir als spirituelle Wesen sind, ausgedrückt durch z.b. die Art wie wir uns gebärden und durch den wir in der Welt agieren und durch den Jesus uns umgestaltet. Man ist eben Leib, während man den Kör-per eben hat.

Die Seele:
Wenn Tolle sagt, dass wir nicht der Denker sind, sagt er nichts anderes, als dass wir nicht dieses „Ich", dieses Konstrukt aus Er-fahrungen, sind. Was sind wir aber dann? „Wenn du also einem Gedanken lauscht, bist du dir nicht nur dieses Gedankens be-wusst, sondern auch deiner selbst als Zeuge dieses Gedankens" (Tolle 2002: 19). Dieser „Zeuge" ist dein Bewusstsein, ist das, was du wirklich bist, ist deine Seele. „Den Buddhismus in der extrems-ten Fassung seiner Lehre [und die Materialisten] ausgenommen, haben sämtliche großen geistigen Traditionen gemein, dass sie eine Perspektive der Seele behaupten, die über den körperlichen Tod hinausgeht" (Cheng 2018: 68). Gerade auch das Christentum bestätigt das unbedingt und zwar nicht nur, dass es eine Seele gibt, sondern auch, dass sie offensichtlich über den leiblichen Tod hinausgeht (z.B. Ps.16,10). Es ist überhaupt keine Frage, dass die Seele existiert. Und in diese Seele nehmen wir unseren Herrn Je-sus auf, wenn wir, mittels unseres Verstandes einen entsprechen-den Willen artikulieren (Joh.1,12, s.u.). Wer sich mit der Seele ge-nauer beschäftigen will, dem sei der im Literaturverzeichnis ange-führte Essay von Cheng empfohlen.

<u>Der Geist:</u>

„Der [menschliche] Geist hingegen, ist in unserem Innern das, was uns gestattet zu denken, zu beurteilen, zu entwerfen, zu organisieren, zu verwirklichen, Erfahrungen bewusst im Hinblick auf ein Wissen anzusammeln und uns vor allem durch Austausch zu verständigen" (Cheng 2018: 40). Der menschliche Geist gehört zur Seele, zu unserem Bewusstsein, wie der göttliche Geist, von dem der menschliche Geist zu unterscheiden ist. Der menschliche Geist ist unser Verstand. Er ist nicht unser „Ich", dieses Konglomerat aus Wissen und Erfahrungen, auch körperliche Erfahrungen, (sowie dem, was wir geerbt oder aus früheren Leben mitgebracht haben), die durch Sinneswahrnehmung generiert werden aber eben auch von unseren Verstandesgedanken geformt wird. Er ist nicht gleichzusetzen mit den Gedanken und Gefühlen, die vom „Ich", man könnte auch sagen aus unserem Unterbewusstsein, aufsteigen, wenngleich es durch die Verschränkung zwischen dem Verstand und den aufsteigenden Gedanken dazu kommt, dass die allermeisten sich mit diesem „Ich" völlig identifizieren. So behalten wir auch diesen Verstand, wenn wir sterben. Der Verstand verlässt gleichsam mit der Seele in der Seele den Leib. Und das „Ich"? Sind wir es los, wenn wir sterben? Nur, wenn wir es zu Lebzeiten geschafft haben, uns von diesem „Ich" zu trennen. Ansonsten schleppen wir das „Karma", wie es im Osten genannt wird, ins nächste Leben. Auf die Reinkarnationslehre gehe ich später noch kurz ein. Aber auch wenn Christen nicht mehr auf diese Erde kommen, die Lehre ist bei Christen durchaus umstritten, ist die Frage nach dem „Ich" nicht unwichtig. Werden die Seelen gar aufgrund dieses „Ichs" gerichtet?

Tolle sagt das noch besser: „Meistens ist es das Ego, das aus dir spricht, wenn du „ich" sagst, und nicht du selbst [dein Verstand in deinem Bewusstsein] wie wir gesehen haben. Es setzt sich aus

Erhörung

Gedanken und Emotionen zusammen, aus einem Bündel von Erinnerungen, mit denen du dich als „ich und meine Geschichte" identifizierst, aus Rollen, die du gewohnheitsmäßig spielst, ohne es zu wissen, und aus kollektiven Identifikationen wie Nationalität, Religion, Rasse, Gesellschaftsschicht oder politische Parteien...Meinungen, äußerer Erscheinung, ...Abneigungen und Vorstellungen von dir selbst..." (Tolle 2005: 68, 69). Was Tolle hier beschreibt ist meiner Meinung nach dieses von mir so bezeichnete „Konglomerat", unser „Ich", was je nach Ausgestaltung die „Persönlichkeit" hervorbringt. Aber wir sind nicht dieses „Ich", weshalb man immer mal von der „Illusion des Ichs" liest.

Soll das „Ich" wirklich völlig weg? Dies ist gar nicht möglich. Menschen ohne „Ich" wären Menschen ohne Eigenschaften. Nur in eng begrenzten pathologischen Fällen, z.B. bei Menschen, die an Amnesie leiden, wäre ein solcher Zustand denkbar und selbst diese Menschen sind nicht gänzlich ohne Eigenschaften. Sie sehen ihren Körper und werden sich sehr schnell z.B. ihres Temperamentes bewusst. Dies kann so also nicht gemeint sein, denn es geht schlicht nicht! Solange wir Leben, schleppen wir dieses „Ich" mit uns herum, füttern es Tag für Tag mit jeder neuen Erfahrung.

So geht es einmal um die Trennung von einem „Ich", was eben nicht aus der Welt zu schaffen ist aber eben nicht wir sind. Das ermöglicht die Schaffung von „Raum", wo ER nun wirken, so auch erhören kann. Hier geht es darum, die Verstrickung von Seele/ Bewusstsein mit dem „Ich" aufzulösen, was wir nicht wirklich sind und so eine Durchwaltung mit dem Göttlichen zu ermöglichen. Es geht um „richtiges Nichtdenken"!

Und es geht zum anderen um die Verwandlung, die Bearbeitung, des „Ichs", was wir nicht loswerden können, was aber für unsere Lebensumstände verantwortlich und ja auch nötig ist! Es geht hier z.B. um die Eliminierung eines zu großen Selbstvertrauens oder andersherum um die Eliminierung von Minderwertigkeitskomplexen, was die Durchwaltung mit dem Göttlichen verhindert. Wer sich für einen Versager hält, kann nicht erfolgreich sein. Es geht um „richtiges Denken"!

Nirgends fand ich es so gut formuliert wie bei Dürkheim, wo es heißt, dass das Sein immer mehr in unser Innesein treten und immer mehr zu unserem Selbstsein werden soll. Besser kann man es nicht sagen. „Grundvoraussetzung für das „geglückte Ich" ist, in der Welt „seinen Mann" oder „seine Frau" zu stehen [richtig zu denken] und gleichzeitig aus dem Sein heraus zu existieren [richtiges Nichtdenken]" (vgl. Dürckheim 2012, a: 87). ER muss in uns wachsen können, ohne dass wir uns auflösen!

3.3 Hat der Mensch einen freien Willen?

Wir Menschen sind Gedanken Gottes. Und da wir nach seinem Ebenbild geschaffen wurden, sollten wir über die Fähigkeit zur freien Entscheidung darüber, was wir denken und tun, verfügen. Ist das so?

Zunächst bezeugt die Bibel eindeutig, dass der Mensch sich entscheiden muss: 1.Kö.18,21, 5.Mo.30, 15. Das macht natürlich nur Sinn, wenn er sich auch entscheiden kann. Man kann also hieraus schlussfolgern, dass der Mensch einen freien Willen haben muss, ja dass der „freie Wille des Menschen" der erklärte Wille Gottes ist. Allerdings gibt es prophetische Schriften im Alten Testament und die Johannesoffenbarung im Neuen Testament, die einen anderen Schluss nahelegen, nämlich dass die Menschen offenbar wollen können was sie wollen, der Weltverlauf aber unbeeinflussbar bleibt. Es kommt, wie es kommt. Was stimmt denn nun? Beides! Das kann auch mit dem „Theodizee-Problem" gezeigt werden. Wer allen Ernstes behauptet, dass alles göttlich vorherbestimmt sei, in der Meinung man schmälere sonst die Größe Gottes, der muss schon erklären, woher das Böse in der Welt kommt. Es gereicht

Erhörung

Gott doch wohl zu wesentlich größerer Ehre, wenn man sagt, dass der Mensch, nach Gottes Ebenbild geschaffen, einen freien Willen hat, weil ja, das wird wohl niemand bestreiten, Gott einen freien Willen hat. Von Gott kann nichts Böses kommen, wohl aber von Menschen, die ihren freien Willen missbrauchen. Allerdings, wenn Gott einen freien Willen hat, gibt es unbedingt auch einen übergeordneten Weltenplan. So kann der Einzelne einen beschlossenen Krieg nicht verhindern aber Entscheidungen in dieser Situation mit guten oder schlechten Folgen sind möglich. Das ist dann so, als ob ein Autofahrer an einer Kreuzung steht. Er kann sich entscheiden ob er links, rechts oder geradeaus fahren will aber die Entscheidung wird durch das Straßennetz determiniert. Will heißen: Der Autofahrer kann sich nicht entscheiden, querfeldein zu fahren. Gottes Weltenplan (Johannesoffenbarung) kann nicht durch ein kollektiv-schlechtes Denken, Reden und Verhalten der Menschen geändert werden. Wir wissen, dass zu Beginn oder während der Strafgerichte auf der Erde die Gläubigen, oder sagen wir vielleicht allgemeiner die spirituell höher entwickelten Menschen, entrückt werden, um deren Leiden abzukürzen. Wie die bereits verstorbenen Gläubigen, harren sie bis zum Preisgericht im Paradies aus. Nach Abschluss der Strafgerichte auf dieser Erde, einer schlimmen Leidenszeit, die dreieinhalb Jahre dauern soll, wird es zur sichtbaren Wiederkunft unseres Herrn Jesus kommen. Es kommt zum Gericht für die Gläubigen, zur „ersten Auferstehung". Danach schließt sich das 1000jährige-Reich an. Nach den 1000 Jahren kommt es zur Endschlacht und dem Jüngsten Gericht. Hier werden die ungläubig Verstorbenen auferstehen, die „zweite Auferstehung". Die ungläubig Verstorbenen, die bis dato im Totenreich ausgeharrt haben, werden hier gerichtet. Schließlich kommt das „Neue Jerusalem". So lehrt es uns die Bibel. Es ist schwerlich vorstellbar, dass die Menschheit mit ihrem kollektiv-schlechten Denken und Handeln z.B. das 1000jährige Reich aufhalten kann oder gar umgekehrt, durch ein entsprechendes gutes Denken, z.b. diese dreieinhalbjährige Leidenszeit vermeiden kann. Dies liegt an dem von Gott festgelegten Weltenplan, also an den Folgen seines Denkens, was den Rahmen, die „Leitplanken", darstellt, die nicht verrückbar sind. Innerhalb dieser „Leitplanken" kann dann der Mensch freie Entscheidungen treffen.

Allerdings ist der freie Wille kein „Selbstläufer". Bestimmte Kräfte versuchen, ihn gezielt zu manipulieren. Die meisten werden hier gleich an Werbung denken. Natürlich geht es hier auch darum, ein Produkt bekannt zu machen, wogegen erstmal nichts einzuwenden ist. Aber Werbung zielt natürlich auch auf eine Verhaltensänderung beim Konsumenten ab. Dieser kauft ein bestimmtes Shampoo – und glaubt er selbst habe die Entscheidung getroffen.

Auch politische Maßnahmen werden heute natürlich nicht mehr autoritär durchgesetzt, wobei sich spätestens seit Corona wieder ein Wandel hin zu mehr autoritärem Durchregieren zeigt. Aber meist spricht man auch heute noch eher von „wissenschaftlichen Erfordernissen". Du bist in deiner Entscheidung völlig frei, so wird gesagt aber natürlich musst du wissen, wie schädlich die „B-Variante" ist. Du darfst „Variante-A" wählen oder „Variante-A". Du kannst frei wählen...

Man sollte zwar nicht die Ratschlüsse Gottes hinterfragen aber natürlich drängt sich hier schon die Frage auf, wieso es zur Apokalypse in der Endzeit offenbar zwangsläufig kommt, wenn sich der Mensch doch in jedem Augenblick frei entscheiden kann. Das kann Gott doch nicht wollen. Wollen tut ER es wirklich nicht aber ich denke, ER weiß ganz einfach, wie sich die Menschen entscheiden, wie sie handeln. ER sieht, wie immer mehr „rote Linien" überschritten werden, u.a. durch Genmanipulation, Tierversuche, dieser Corona-Geschichte, durch die Versuche, Menschen mittels magischer Praktiken und elekromagnetischer Wellen zu manipulieren, zu kontrollieren, durch Feuerbestattungen, durch massenhafte Abtreibungen oder durch die aktive Sterbehilfe... Diesem Treiben wird Gott durch die Apokalypse ein Ende setzen!

3.3.1 Verschränkte Wirklichkeiten

Der freie Wille des Menschen ist also im Prinzip frei, man kann diese Freiheit aber verlieren. Auch andere Menschen können, durchaus auch in guter Absicht, auf unseren Willen Einfluss nehmen. Dies kann geschehen, indem sie uns stundenlang ihre Bedenken erklären, was uns dann schlussendlich selbst ins Wanken bringt und so die Erhörung verunmöglichen kann. Hier gilt es aufzupassen!

Doch es gibt noch drei Bereiche die nahelegen, dass unser Wille gar nicht so frei ist. Es geht um Altvordere, Kinder und (Ehe-)Partner, also um Menschen, die mit uns in eine gemeinsame Zukunft gehen. Ich nenne das „verschränkte Wirklichkeiten".

Jeder, oder sagen wir viele, kennt/kennen die 10 Gebote (in 2.Mo.20) und damit die Stelle, wo es heißt, dass auch die Nachkommen noch unter etwaigen Verschuldungen der Altvorderen zu leiden haben (Vers 5). Was, wenn wir in einer solchen Situation wären? Hätten wir dann Pech gehabt? Das kann nicht sein, denn dann hätten wir nach einer langen Ahnenreihe im Jahre 2022 vermutlich wirklich keinen freien Willen mehr. In Hes. 18,20 steht denn auch, dass nicht die Söhne (gemeint sind natürlich auch die Töchter) für die Verschuldungen der Väter (und umgekehrt) zur Rechenschaft gezogen werden sollen! Was aber hat es dann mit 2.Mo.20,5 auf sich? Entscheidend ist, dass die Söhne/Töchter eben nicht auch auf einem etwaigen „Verschuldungsweg" ihrer Ur-Ahnen wandeln. Es kommt also auch hier auf den individuellen Lebenswandel an! Und man hat auch Reinigung im Blute Jesu von der „Erbsünde"! Anders kann es nicht sein!

Erhörung

Was aber passiert, wenn man mit Menschen in eine gemeinsame Zukunft geht? Als Paradebeispiel sind zwei Ehepartner (A, B) zu nennen, von denen die/der eine (A) die Voraussetzungen erfüllt und die/der andere (B) ein „notorischer Nörgler" ist. Auch hier ist klar, dass wenn A intensiv richtig denkt/richtig nichtdenkt, sie/er sich nicht plötzlich in einer Katastrophe wiederfinden kann. Andrerseits: Kann sich die/der notorische Nörgler/in innerhalb einer tollen Lebenssituation wiederfinden? Wohl auch nein! Zerbricht also die Ehe? Aus Sicht des „positiven Denkens" wohl ja. Doch es gibt eben nicht diesen Kausalzusammenhang (s.u.). Wenn also A die Voraussetzungen erfüllt und B in Angst und Zweifel lebt, muss keineswegs die Ehe zerbrechen. Vielmehr kann unser Herr Jesus auch dann Gnade geben, wenn die Voraussetzungen insgesamt nicht so ganz stimmen. Stehen also die Eheleute kurz vor der Scheidung und der Partner, der voll vertraut, betet um Hilfe, kann durchaus Hilfe kommen, obwohl der andere Partner vielleicht überhaupt nicht Jesus vertraut!

Oder wollen wir gar selbst mit einem Menschen eine verschränkte Wirklichkeit? Eine Person A liebt eine Person B und möchte mit ihr/ ihm in eine gemeinsame Zukunft gehen. Auch für solche Zwecke setzen die positiven Denker ihr „positives Denken" ein. Wie gesagt, es gibt keinen Kausalzusammenhang und wir dürfen auch nicht in den freien Willen eines anderen Menschen eingreifen. Übrigens: Ist eine Person voll bewusst, vgl. Tolle, ist es gar nicht möglich deren Willen zu beeinflussen!

4   Erhörung

Um die Voraussetzungen zu erfüllen, dass man Erhörung in Gebeten haben kann, müssen fünf Bereiche korrekt sein, die man mit den Buchstaben „EBZZT" abkürzen kann, sodass ich vom „**EBZZT**-Schema" spreche:

✓ **E**: Man benötigt zunächst die **E**ngste Verbindung mit der göttlichen Dreifaltigkeit. Wer IHN nicht hat ist nun mal nicht sein (Rö.8.9), und wer nicht sein ist, kann sich natürlich auch nicht im Falle eines Gebetswunsches an IHN wenden; d.h. an IHN wenden natürlich schon – aber es wird keine Antwort kommen!

✓ **B**: Dann bedarf es des artikulierten Willens. Was wollen wir eigentlich von unserem Herrn Jesus? Wie hat ein korrektes **B**eten nach Form, Inhalt und in Sachen Beharrlichkeit auszusehen?

✓ **Z**: Schließlich bedarf es der **Z**ubereitung der eigenen Person. Wenn unser Herr Jesus immer wieder sagt: „Dein Glaube hat dich gerettet", so meint ER mit „Glaube" an dieser Stelle natürlich eine ganz bestimmte „gedanklich-emotionale Verfasstheit"; „richtiges Denken" eben.

✓ **Z**: Dann braucht Jesus auch „Raum", „Platz", für die Antwort, ermöglicht in **Z**azen/ Gegenwärtigkeit. In Anlehnung an das „richtige Denken" könnte man hier vom „richtigen Nichtdenken" sprechen.

✓ **T**: Wenn man nicht gerade ein Gebetsanliegen hat, wo man nach menschlichem Ermessen nichts mehr dazutun kann, also z.B. bei der Diagnose „unheilbar" oder wenn man sich anderweitig in eine „Sackgasse" manövriert hat, aus der man sich alleine nicht mehr befreien kann, gilt es natürlich auch mal etwas zu tun. Es geht um **T**aten/Werke, die wir auch mal selbst tun müssen, wobei wir das auch in der Kraft Christi tun können. Halte den Hara auch bei der Verrichtung von irgendwelchen

Werken. Wer eine Arbeitsstelle möchte, sollte sich also natürlich auch um die erforderlichen Qualifikationen bemühen und Bewerbungen schreiben.

Kurz gesagt: Wenn man aus der engsten Verbindung heraus korrekt betet (seinen Willen artikuliert) und als Person so zubereitet ist, dass man auch empfangen kann, was unser Herr Jesus uns geben will und hat unser Herr Jesus auch „Platz" für die Antwort und fehlen auch gottwohlgefällige Taten nicht, dann kann die Erhörung kommen. Sie muss aber nicht kommen. Die Erhörung ist ein reiner Gnadenakt, wobei wir wissen dürfen, dass ER die SEINEN nie im Stich lässt.

Einige Leserinnen und Leser könnten nun jubeln in der Meinung, dass sie fortan keine größeren Schwierigkeiten mehr im Leben hätten. Aber hier muss ich doch etwas „Wasser in den Wein" schütten. So gibt es natürlich böse Menschen (und wenn diese sterben böse Geister), die ja auch über einen freien Willen verfügen. Zwar hat man mit dem „EBZZT-Schema" Sieg, der Sieger ist in uns, aber diese Leute können leider noch ziemlich viel Leid verursachen.

Dann gibt es Menschen, die irgendwie in einer Form, in einer Struktur, „erstarrt" sind. Deren Entwicklung geht nicht weiter. Hier tritt dann manchmal ein, was allgemein als „Schicksalsschlag" bezeichnet wird.

Und dann gibt es da ja auch noch „Prüfungen". Es wird geschaut, ob man bei Problemen sofort mit Jesus schimpft, sich im schlimmsten Fall gleich ganz von IHM abwendet oder ob man inmitten einer Not in der „richtigen Stellung", wie ein Fels in der Brandung, steht. Zum Trost gilt uns 1. Kor.10,13. Keine Prüfung ist so schwer, dass wir sie nicht tragen könnten!

Jesus sagt uns nicht nur, was wir tun sollen, sondern ER gibt uns auch die Kräfte, es zu tun und hilft sogar selbst. Das macht den Unterschied.

4.1 Engste Verbindung

„…Wer aber Christi Geist nicht hat, der ist nicht sein" (Rö.8,9). Wie oben bereits gesagt, kann man an diesem Vers sehen, dass man IHN auch nicht haben kann. Man hat IHN also nicht automatisch. Und es ist klar, dass dann, wenn man IHN nicht hat, auch keine Antwort von IHM kommen wird, ganz gleich um was man bittet. Dies zeigt das Gleichnis von den „10 Jungfrauen" ganz deutlich. Für diejenigen Jungfrauen mit den Lampen ohne Öl blieb die Tür verschlossen!

Wenn von engster Verbindung mit der göttlichen Dreifaltigkeit die Rede ist, stellt sich natürlich die Frage, was denn mit der göttlichen Dreieinigkeit in engster Verbindung stehen soll. Es ist die Seele, als ein Bestandteil der menschlichen Dreiheit! Wie kann man zu dieser engsten Verbindung zwischen unserer Seele und Jesus Christus kommen? Durch die Taufe und den Glauben!

4.1.1 Taufe

Warum ließ sich Jesus taufen? „In der Taufe hat ER sich mit den Sündern ins Wasser tauchen lassen zum Zeichen, dass ER mit ihnen völlige Gemeinschaft haben will,…" (Jubiläumsbibel 1937: 323, aus einer Erklärung zu 1.Joh. 5,8). „Im Kreuzestod aber hat ER [dann] SEIN Blut vergossen zur Versöhnung für unsre Sünden", (zitiert aus gleicher Quelle, um den Zusammenhang von Taufe und Kreuz einmal darzustellen).

Und warum werden Menschen, Babys, getauft? Niemand erklärt das besser als Gossweiler: „Wenn man Wassertaufe in der Hauptsache als Aufnahme in die Christenheit [Kirche] und ihren Segensbereich, die Kindertaufe als Aufnahme in die Bundesgnade der christlichen Familie und als ein Gebet um die Taufe mit dem Geist Christi ansieht, …", stellt sich natürlich die Frage, was mit einer solchen Aufnahme verbunden ist. „Gottes Wort sagt uns, die in der Taufe abgebildeten Güter seien: die Reinigung von unsren Sünden (das Blut reinigt! 1. Joh.1,7) – die Tötung unseres Fleisches (durch den Geist Christi, Röm. 8,13) – das Teilhaben an der geistlichen Erneuerung (an den Geistesfrüchten: Liebe, Freude, Friede usw., Gal.5,22)" (beides Gossweiler ?: RB 19).

Und „Reinigung" und „Tötung" brauchen Säuglinge? Hier geht es um die „Erbsünde", wobei die meisten Christen wohl weniger an die Sünden aus früheren Leben denken. Es ist eher die Sünden-schuld der Eltern gemeint. Allerdings: Gibt es frühere Leben und ich tendiere dazu, dies zu bejahen (s.u.), dann sollte man auch möglicherweise in früheren Leben angefallene Sünden „auf dem Schirm" haben und sich davon ebenfalls reinigen lassen.

In der Taufe wird also eine Verbindung, ein „unsichtbares Band", zwischen dem Menschenkind und Jesus Christus geknüpft, was der Feind nicht zerreißen kann. „…; und niemand wird sie meiner Hand entreißen" (Joh.10,28). Es ist also keineswegs nur ein sym-bolischer Akt oder ein äußeres Zeichen. Ich wende mich klar ge-gen die Großtaufe und zwar nicht nur wegen dem wichtigen Argu-ment, dass es gefährlich wird, falls der Mensch vor der Taufhand-lung stirbt, sondern auch, weil in einem ungeschützten Menschlein böse Mächte übel wüten können. Klar, besser die Großtaufe als keine Taufe aber eigentlich ist die Taufe der erste und einzige Glaubensakt, der gerade nicht den eigenen Willen voraussetzt.

Dabei gilt es nicht nur die einmalige Handlung einer Taufe zu voll-ziehen, sondern, sobald man dazu in der Lage ist, sich dieser durch die Taufe gelegten engsten Verbindung immer wieder be-wusst zu machen. Dies ist der tiefere Sinn der Konfirmation. Wenn es heißt, dass durch die Konfirmation die „Taufe bestätigt wird", ist es natürlich nicht so gemeint, dass die Taufhandlung irgendwie noch nicht komplett war und nun durch die „Bestätigung" fertig ge-macht wird. Mit „Bestätigung" kann nur eine Selbstvergewisserung gemeint sein. Man wird sich bewusst, dass man getauft ist, dass dieses „Band" geknüpft ist. Man hatte es vielleicht die letzten Jahre vergessen, es war aber immer da und jetzt in den 12 Monaten des Konfirmandenunterrichtes erinnert man sich wieder daran. Ziel ist es dabei, dass man sich ab jetzt wieder häufiger daran erinnert. Hat man gar seinen Taufspruch parat?!

4.1.2 Was heißt ‚glauben' im Sinne der Bibel?

Die Taufe ist kein Willensakt des Täuflings. D.h. aber nun nicht, dass sich der Mensch um gar nichts mehr zu kümmern braucht. Er muss sich irgendwann mit freiem Willen entscheiden. „Wer da glaubt und sich hat taufen lassen, wird gerettet werden;..." (Mk. 16,16). Man muss sich nicht entscheiden, sich nochmal im Erwachsenenalter taufen zu lassen, das wäre ein Fehler, würde die Kindertaufe entwerten, sondern man muss sich entscheiden, ob man mit freiem Willen Jesus in sich aufnehmen will oder eben nicht.

„Jesus ist uns da Vorbild! Hebr.12,2 sagt von Jesus, ER sei der Anfänger und Vollender des Glaubens! Jesus hat Sein Leben lang mit der Innewohnung Seines Vaters gerechnet. „Der Vater, der dauernd in mir ist, der tut die Werke (Joh.14,10). Er war nicht allein, sondern der Vater war in ihm (Joh.14,11)... Nun kam Jesus! Gott selbst wohnte in Jesus und wirkte durch ihn! Darum konnte Jesus sagen: „Nicht ich wirke, sondern der Vater, der in mir ist, der tut die Werke." Jesus hat den Vater in sich wirken lassen; darum ist Er der Anfänger des Glaubens. Jesus rechnete mit der ständigen Gegenwart und Innewohnung des Vaters bis an sein Lebensende; darum ist Jesus der Vollender des Glaubens. Wie Jesus den Vater in sich hatte, so dürfen wir Jesus in uns haben. Lebendiger, neutestamentlicher Glaube ist kein Denken und kein Kopfwissen. Wer verstandesmäßig weiß, dass Jesus am Kreuz für die Sünden der Welt gestorben ist, ja annimmt, dass Jesus auch für seine Sünden in den Tod ging, der hat noch nicht biblisch geglaubt. Wahrer biblischer Glaube ist ein Besitzergreifen und ein Besitz: Wir dürfen

Jesus ins Herz aufnehmen. Dann haben wir geglaubt, wenn wir uns mit ihm aufs engste verbinden, wenn Er geistleiblich in uns wohnen kann. In Joh.1,12 steht: „Wieviele ihn aufnahmen, denen gab er Macht, Gottes Kinder zu werden, die an Seinen Namen glauben." Glauben ist hier gleichgesetzt mit aufnehmen!" (Gossweiler ?: RB 15). Siehe auch Offbg.3,20, Eph.3,17.

Wohin sollen wir Jesus aufnehmen?
Ins Herz, wie es Gossweiler sagt? Oder in den Hara, von dem Dürckheim spricht? Nun gibt es Bibelverse, die für die Aufnahme gar keine besondere Stelle angeben (Joh.1,12, Offbg. 3,20) und dann Bibelverse, die explizit die Mitte betonen (3.Mo.26,11.12), sodass der Hara als die geeignete Stelle erscheint. Aber es ist in Eph. 3,17 dann auch explizit vom Herzen die Rede. Was denn nun?
Gossweiler hat völlig recht, wenn er sagt, dass wir unseren Herrn Jesus ins Herz aufnehmen sollen! Er zieht dabei Joh.1,12 (Aufnahme) und Eph. 3,17 (ins Herz) zusammen. Allerdings will unser Herr Jesus zunächst einmal in unserer (Körper-)Mitte, Hara genannt, wohnen (3.Mo.26,11.12). Wenn wir also, wie es ebenfalls Gossweiler sagt, unseren Herrn Jesus so oft wie möglich in die Gegenwart nehmen sollen, müssen wir also immer etwas Bewusstsein in den Hara legen, dort wo Jesus in uns ist. Natürlich nach der durchgeführten Aufnahme. Auch ganz praktisch kann man erkennen, dass der Hara dafür geeigneter ist. Hier habe ich nämlich die Erfahrung gemacht, dass eine intensive, längere Konzentration auf die Herzregion zu unangenehmen Hitzewallungen führen kann.
Was bedeutet dann aber Eph.3,17? Das Herz ist der Sitz der Emotionen. Nehmen wir an, wir sind in Zorn geraten und haben uns fürchterlich aufgeregt. Nun wissen wir mit dem Kopf von der Bibel her, dass dies schlecht ist. Also „legen wir den Schalter um" und ersetzen „Zorn" mit „Liebe", oder? Wenn das so einfach wäre. An

dieser Stelle gilt deshalb, sich nochmals das „Rad der Verwandlung" in Erinnerung zu rufen. Nachdem wir das „Ich" losgelassen und uns im Hara niedergelassen haben, gilt es zuzulassen, wobei es dann auch wieder zu einer Bewegung nach oben kommt. Deshalb heißt es ja „Rad". Wer um Reinigung von der Zornessünde gebeten und dann fest im Hara längere Zeit gegenwärtig ist, kann eine erstaunliche Entdeckung machen: Man empfindet auf einmal echte Freude, obwohl die äußeren Umstände vielleicht immer noch sehr bedrückend und belastend sind. Dann hat unser Herr Jesus Wohnung in unseren Herzen genommen. Diese Liebe, „Agapeliebe" (=die höchste Liebe) genannt, kann man nicht selbst erzeugen.

Man könnte also sagen, dass die Aufnahme im Hara erfolgt, dass Jesus dann aber Wohnung in unseren Herzen nehmen soll, was der „Bewegung nach oben" entspricht, die wir nicht aktiv machen und dass man auf diese Weise durchaus gleich darum bitten kann, dass Jesus in unseren Herzen Wohnung nehmen soll. Habe ich die engste Verbindung nur, wenn ich mein Bewusstsein bewusst im Hara habe? Die engste Verbindung hat man nach der Aufnahme ins Herz immer! Man kann sie aber vergessen, was dazu führt, dass man im Angesicht einer Bedrohung doch in Angst gerät.

Was geschieht in dieser Hinsicht eigentlich zum Zeitpunkt des Todes? Bekanntlich trennt sich dann ja die Seele, unser Bewusstsein, vom Leibe. Haben wir die engste Verbindung mit Jesus Christus zu Lebzeiten gehabt, haben wir nach Joh.1,12 gehandelt, ist ER also in unserer Seele, zieht ER natürlich mit der Seele aus dem Leibe aus. Entscheidend ist also nicht die Lokalisation im Leibe, sondern die Innewohnung der göttlichen Dreifaltigkeit in unserer Seele! Darauf sei doch noch hingewiesen, um Streit zwischen den Herz- und den Hara-Anhängern zu vermeiden.

Erhörung

Es gilt bewusst, also mit artikuliertem Willen, nach Joh. 1,12 um die Aufnahme von Jesus Christus in unser Herz zu beten! Hat man nun <u>objektiv</u> nach Joh.1,12 gehandelt („Komm Herr Jesus und wohne in meinem Herzen"), gilt es nun <u>subjektiv</u> felsenfest zu glauben, dass es so ist („Jetzt ist ER in mir, meiner Seele, meinem Hara, meinem Herzen"). Meister Eckhart spricht von der „Gottes-geburt der Seele". So könnte man sagen, dass die „Zeugung" die Handlung nach Joh. 1,12 ist.

Nach der Aufnahme gilt es, so oft wie möglich mit dem in uns woh-nenden Jesus zu rechnen, IHN so oft wie möglich in die Gegenwart zu nehmen, immer etwas Bewusstsein im Hara zu haben, sich Sei-ner erinnernd. Man steht dann allmählich anders in der Welt da. Wie geht das praktisch? Wenn man so oft wie möglich bei allem was man tut oder auch gerade nicht tut mit seinem Bewusstsein in den Hara geht, macht man das natürlich nicht einfach wie ein Rin-ger, der diese „Technik" anwendet, damit er kaum mehr vom Geg-ner hochzuheben ist. Wenn wir in den Hara gehen, ist damit immer eine entsprechende „Geisteshaltung" verbunden. Wir wissen, dass in uns, auch im Hara, Jesus ist, der Herrscher des ganzen Univer-sums, dem wir vertrauen können, wie ein kleines Kind seinen El-tern. Der immer irgendwie eine Lösung weiß, der immer, wie auch immer, hilft. Der Stärkere, der Sieger. Der immer einfach da ist. Wir sind nie allein. Freude kommt auf!

Auch die Kirche kennt eine Maßnahme, um sich immer wieder an Jesus in uns zu erinnern, wobei in Kirchen diese Erinnerung oft „verkopft" ist. Man steht also hier nicht unbedingt anders da, son-dern man erinnert sich an Jesus, wie man sich an eine Person er-innert, die vielleicht heute Geburtstag hat. Ich rede vom Abend-mahl! Diesen subjektiven Glauben festzustellen, ist auch der Sinn des Heiligen Abendmahls. Weder ist es ein bloßes „Gedächtnis-mahl", dass man sich an das erinnert, was am Gründonnerstag nach dem Palmsonntag und vor der Kreuzigung geschah, noch ist es das genaue Gegenteil, also das Wein und Brot real in Christi Leib und Blut verwandelt sind. Es ist vielmehr ein Gemeinschaftsmahl. „Durch den Glauben in der vollzogenen Handlung wird der Gläubige SEINER immer mehr teilhaftig […] und [erhält] sich mit IHM in der innigsten Gemeinschaft.…" (Goßner, zit. nach Gossweiler (?): RB 36). „Wer zweifelt aber daran, dass man IHN auch außer dem Abendmahl ebenso nahe haben… kann" (Goßner, zit. nach Gossweiler (?): RB 36) und er fährt fort: „ER hat auch diese geistige .. [Vereinigung], dieses tägliche Abendmahl (Joh. 6), wo ER nicht ausschließlich vom Sakrament spricht, versprochen Offbg. 3,20.…" Braucht es das Sakrament des Abendmahls oder nicht? Nein, wenn man sich unablässig Jesus in sich bewusst ist, aber ja, wenn diese Einstellung dem Gläubigen in der Hektik des Alltags abhanden zu gehen droht. Du sagst das passiert nicht? Wie oft kommt ein/e Gläubige/r in gefährliche Situationen und wie oft gerät er/sie in Angst? Wieso aber kommt es zur Angst, wenn man sich doch bewusst ist (ein Wissen genügt nicht), dass der Herrscher des ganzen Universums in diesem Moment in uns ist? Kleine Ergänzung: Was ist eigentlich, wenn Menschen keinen eigenen Willen haben? Hier kennt die Bibel den stellvertretenden Glauben, vgl. Mt.15,28. Mit der engsten Verbindung ist der Grundstein gelegt.

Abschließend sei nochmals erwähnt, dass gerade in östlichen Lehren aber auch in vielen esoterischen Schriften immer nur vom „Gottesfunken" in uns die Rede ist. Gemeint ist, wie gesagt, Gott Vater. Ich denke, dass man in der heutigen Zeit den Sohn braucht, den man bewusst, auch nonverbal, aufnehmen darf, denn für eine direkte Verbindung zu Gott ist es zu „dunkel" auf dieser Erde geworden. Wer mit der Person Jesus Christus Mühe hat, möge versuchen, eine direkte Verbindung zu Gott, dem Vater (oder der Mutter, denn Gott hat natürlich kein Geschlecht), herzustellen – und sich aufgrund gemachter Erfahrungen dann vielleicht doch an Jesus Christus erinnern...

4.2 Beten

Aus dieser engsten Verbindung heraus kann man nun kraftvoll beten. „Bittet, so wird euch gegeben werden;..." (Mt.7,7). Dieser Vers lehrt uns, dass man Wünsche haben darf, die man artikulieren soll, denn es gilt eben, dass wer nicht bittet, auch nicht empfängt. Wir dürfen nicht nur unseren Wunsch artikulieren, wir müssen es sogar, sonst wird unser Herr Jesus nicht tätig werden (Mt. 7,7), denn unser Herr Jesus weiß zwar, was wir bedürfen (Mt.6,8), aber ER weiß eben nicht, was wir wollen, (s.o.)! Da die Hilfe ein reiner Gnadenakt ist, kann ER aber tatsächlich auch ohne Gebet tätig werden. Wenn sich z.b. ein gläubiges Gotteskind unbewusst in Gefahr bringt, kann ER Seine schützende Hand über es halten, obwohl das Gotteskind, was die Gefahr nicht wahrnimmt, nicht explizit um Hilfe gebeten hat. Auch das gibt es! In der Regel gilt es aber, seine Wünsche zu artikulieren. Dabei hat man auf Form, Inhalt und Beharrlichkeit zu achten.

Wichtig ist, wie immer, die Geisteshaltung in der man etwas tut, so auch beim Beten. Wir vertrauen, dass wir schon empfangen haben, weil wir Jesus Christus schon in uns empfangen haben, wenn wir nach Joh.1,12 gehandelt haben und wenn ER in uns ist, sind natürlich auch Seine Schätze und Kräfte bereits in uns. Und wir vertrauen, weil wir wissen, dass die Hilfe zwar ein reiner Gnadenakt ist, dass ER die SEINEN aber nie im Stich lässt und dass uns in jedem Fall irgendeine Hilfe, zu Seiner Zeit, zuteilwerden wird (Phil.4,19).

Woran erkennen wir aber, ob wir dieses Vertrauen haben? Wenn die Angst schwindet, obwohl die äußeren Umstände weiterhin bedrohlich sind.

Erhörung

Wie kommt man zu einem solchen Vertrauen? Darum geht es im Kapitel „Zubereitung". Betrachten wir an dieser Stelle einmal 2.Kor.4,18: „weil wir den Blick nicht auf das Sichtbare, sondern auf das Unsichtbare richten; denn das Sichtbare ist zeitlich, das Unsichtbare aber bleibt ewig." Wer das Sichtbare anschaut, schaut die Not an. Man gerät in Angst, Panik, Verzweiflung, vielleicht je nach Temperament in Wut und Aggression. Es muss wohl nicht betont werden, dass dies nicht gerade förderlich ist, wenn man eine Antwort von unserem Herrn Jesus möchte. Wer das Unsichtbare anschaut, hat den Blick felsenfest auf Jesus in sich gerichtet, in dem Sinne, dass man sich SEINER bewusst ist und man IHM voll vertraut, IHM der helfen kann, weil ER der Sieger, der Stärkere ist und der auch helfen will, wenn die Voraussetzungen stimmen und auch mal, wenn sie eben noch nicht so stimmen.

Wenn Tolle sinngemäß rhetorisch fragt: „Welches Problem hast du in diesem Moment?", nämlich gar keins, dann kann man im Grunde auch sagen, dass es keine Probleme gibt, die zu groß für unseren Herrn Jesus wären und den Zugang zum Helfer haben wir im gegenwärtigen Augenblick. Naja, und wenn Jesus dann für uns streitet, welche unüberwindlichen Probleme kann es dann noch geben?! Deswegen heißt es auch bei Tolle, dass einzig die Qualität des jetzigen Augenblicks über die Zukunft entscheidet. Tolle meint mit diesen Aussagen, dass die Sorgen über die man aktuell nachdenkt, sich auf die Zukunft beziehen. „Zukunft", wie auch „Vergangenheit" sind aber eine Illusion. Dein ganzes Leben spielt sich in der Gegenwart ab. Du willst bald ein schickes Auto fahren? Egal wann du es fährst, du fährst es in der Gegenwart. Tolle weist darauf hin, dass wir hier von potentiellen Sorgen sprechen, also von Problemen, von denen man vermutet, dass sie eintreten werden die aber noch gar nicht da sind. Etwas anders sieht es aus, wenn man tatsächlich im jetzigen Moment angegriffen wird. Hier, so

Tolle, gilt es zu handeln und zwar nicht als (emotionale) Reaktion, sondern aus Gegenwärtigkeit. Im Idealfall handelt „es" durch uns.

Das Gebet geht also an Jesus, den Mittler zwischen Gott und den Menschen, nicht an Gott direkt. Doch es gibt Menschen, die sich weder an den einen noch an den anderen wenden wollen. Sie wollen, sich an andere Wesen, aufgestiegene Meister, Engel etc. wenden. Wie steht es damit? Von Anrufungen rate ich dringend ab, denn es können hier auch Wesen kommen, die man nicht mehr so ohne weiteres loswird und die uns nicht unbedingt Gutes wollen. Mit Jesus Christus hat man immer den Richtigen, dessen Hilfe natürlich auch über Seine Boten erfolgt. ER kann uns dann auch ggf. z.b. den Erzengel Michael schicken, der besonders bei Bedrohungen und Angriffen öfters mal genannt wird. Im Übrigen, so heißt es, werden große Meister nicht gerufen, sondern gehen auf Suchende zu, wenn diese dafür „reif" sind, also eine entsprechenden Bewusstseinsstufe erreicht haben.

4.2.1 Form

Ein Gebet ist ein Reden mit unserem Herrn Jesus Christus. Hier darf man sein Herz „ausschütten". Hier darf man alles sagen, was einen bewegt. ER tröstet, ER hilft. ER ermahnt. Eine spezielle „Gebetsform" braucht niemand einzuhalten. Es würde auch irgendwie komisch klingen, wenn Gläubige erst einen Katalog mit Formvorschriften/Regeln kennen müssten, um zu beten. Die Formulierung ist egal, allerdings, wenn man einen Wunsch hat, muss in der einen oder anderen Form natürlich immer eine Bitte zum Ausdruck kommen. Bsp.: „Bitte hilf mir bei... Danke, Herr Jesus". Deshalb sind Formulierungen aus dem „positiven Denken" abzulehnen, wie z.B. „Jetzt bin/habe ich... Danke". Es handelt sich hierbei um keine Bitte, sondern eher um „Suggestionen" für das eigene Unterbewusstsein. Bei einem solchen „Gebet" wird Jesus jedenfalls nicht tätig werden. Die Formulierung ist also egal, solange eine Bitte ausgedrückt ist. Gut auch, wenn man auf eine Verheißung/ ein Versprechen aus der Bibel von unserem Herrn Jesus abstellt. Natürlich kann eine Bitte auch nonverbal erfolgen und natürlich kann man sich mit IHM auch wie mit einem Freund unterhalten. Man muss also gar nicht immer etwas wollen. Und dann ist da ja noch der Lobpreis.

In großer Not kann Fasten zum Gebet unterstützend gut sein.

4.2.2 Zum Inhalt

Während die „positiven Denker" bei der Gebetsformulierung Regeln aufstellen wollen, was falsch ist, halten sie die Gebetsinhalte für mehr oder weniger beliebig, was ebenfalls falsch ist. Das geht soweit, dass die „positiven Denker" meinen, dass auch moralisch fragwürdige Dinge visualisiert werden können, um so ins Dasein gebracht zu werden. Doch hier ist es gerade nicht so. Möchte man von unserem Herrn Jesus Hilfe in einer Angelegenheit, sind die Art der Angelegenheit und die Anzahl der Angelegenheiten höchst bedeutsam. Worauf sollte man achten?

✓ Man sollte wenig Gebetswünsche haben. Hat man doch gleich mehrere Anliegen, sollte man sich einmal fragen, was wirklich wichtig ist.

✓ „Reinigung": Sünde blockiert jede Gebetserhörung. Man sollte sie also vermeiden. Da dies wohl niemandem zu 100% gelingt, darf man sich immer wieder im Blute Jesu reinigen, die Sünden also vergeben, lassen (1.Joh.1,7). Beachte: Man ist dann von der Sünde befreit, nicht jedoch automatisch von den Sündfolgen.

Was ist die Todsünde, die nicht vergeben wird? Logischerweise „ein Nein zu Jesu Fleisch und Blut" (Gossweiler: RB 47) und außerdem die Lästerung des Heiligen Geistes (Mt.12,31). Zu Letzterem schreibt Gossweiler im genannten RB 47, dass, wer noch nach Jesus fragt, diese Sünde nicht begangen hat!

Vermeintlich schwere Sünden bis hin zu Mord gehören jedenfalls offenbar nicht dazu (Lk.23,43), wenn man Buße tut, also umkehrt, seinen Sinn ändert.

✓ „Periphere Ziele": Darunter subsummiere ich Probleme, wie z.B. ein Streit mit einem anderen Menschen. „Wenn du also deine Opfergabe zum Altar bringst und dich dort erinnerst, dass dein Bruder etwas gegen dich hat, so lass deine Gabe dort vor dem Altar und gehe zunächst hin und versöhne dich mit deinem Bruder; alsdann gehe hin und opfere deine Gabe!" (Mt. 5,23.24). Hier gilt es, sich ggf. zu entschuldigen für das, was man anderen angetan hat und das zu vergeben, was möglicherweise andere uns angetan haben. Idealerweise kommt es zur Versöhnung. Solche Angelegenheiten gilt es zuerst anzugehen, obwohl sie scheinbar gar nichts mit unserem eigentlichen Gebetsanliegen zu tun haben, sonst können sie die Erhörung blockieren.

✓ Das Ziel sollte bescheiden und fundamental sein. Es ist zumindest fraglich, ob man eine große Segelyacht auf Wunsch erhält. Gleichzeitig ist es gut, wenn das Ziel für uns so wichtig wie „die Luft zum Atmen" ist!

✓ Fürbittgebete sind Gebete, die unser Herr Jesus besonders gern erhört, natürlich in Abhängigkeit von der Person/Gruppe für die man betet, weil sie in besonderer Weise unterstreichen, dass der Beter keine nur egoistischen Ziele verfolgt. Fürbittgebete sind fraglos die Gott-wohlgefälligeren Gebete, was aber nicht heißt, dass man nicht auch erhört wird, wenn man „nur" selbst gesund werden will!

Es ist herrlich, wenn andere Menschen für uns beten!

Interessant ist in diesem Zusammenhang, dass Hiob erst dann erhört wurde, nachdem er Fürbitte für seine Freunde eingelegt hatte. Würde man nicht eine andere Reihenfolge erwarten? Also erst mal Hilfe für Hiob, der danach immer noch Fürbitte einlegen kann, wenn es ihm selbst wieder besser geht? Ich glaube, dass die Fürbitte sehr wichtig ist und zwar nicht nur für die betreffenden Menschen, sondern für uns selbst.

✓ Achte darauf, dass du die Erhörung nicht missbrauchst. Wenn ein kranker und schwacher Boxer um Gesundheit und Fitness betet, ist das erstmal völlig in Ordnung, ein ganz legitimer Wunsch. Wenn er die neugewonnen Kräfte aber haben will, um nach Erhörung seine Gegner besonders hart niederzuschlagen, kommt die Erhörung garantiert nicht. Dies ist ein Beispiel, für eine Erhörung, die in einer Nichterhörung liegen wird.

✓ „Schutz": In Jesu Blut hat man auch Schutz (2.Mo.12,13)! Wer angegriffen wird, wird ohnehin als eigentliches Ziel den „Schutz" wählen aber auch bei anderen Wünschen darf das Schutzgebet nicht fehlen, (basierend z.B. auf Ps.91), gerade weil man nicht immer die Angriffe, besonders die Unsichtbaren, merkt. Dieses Erkennen von Angriffen wird durch bestimmte Kreise noch erschwert, die die Existenz von bösen Mächten gleich ganz leugnen. Das führt dann dazu, dass diese finsteren Mächte schalten und walten können, wie sie wollen und so ist es leider weithin. Welcher Psychiater würde heute noch davon sprechen, dass ein Mensch von einem bösen Geist besessen ist? Unsichtbare Angriffe gibt es, wie natürlich auch die Sichtbaren. Es gibt böse Menschen und es gibt böse Geister. Will man eine Bestätigung für die erste Gruppe, braucht man nur Nachrichten zu hören. Will man eine Bestätigung für die zweite Gruppe, braucht man nur die Bibel zu lesen. Die Bibel ist voller Beispiele, wo unser Herr Jesus diese bösen Geister aus Menschen austreibt. Auch andere Menschen können zu einem Werkzeug des Bösen werden, sei es, weil sie sich freiwillig mit Mächten der Finsternis verbinden (Okkultismus, Magie) oder weil sie gegen ihren Willen „geentert" werden und uns dann, scheinbar grundlos, angreifen. Es können sich also hinter

sichtbaren Angriffen unsichtbare Angriffe verbergen. Jedenfalls können uns diese Mächte u.a. dadurch schädigen, dass
sie die Erhörung auf unsere Gebete blockieren (vgl. Dan.
10,13). Man kann nun solche Angriffe nicht einfach ignorieren,
wie in der Geschichte, wo ein feindlicher Soldat das Wohnzim-
mer von einem Ostpreußen betrat, der dort gerade ein Buch
las. Der Ostpreuße wendete sich nur kurz vom Buch ab und
sagte zu dem Soldaten: „Jungchen Moment, nur noch dieses
Kapitelchen". Wie sagte ein Karatetrainer sinngemäß vor Jahrzehnten, als es bei der Partnerwahl für Partnerübungen im
Training einmal zu Unstimmigkeiten kam: „Man kann sich auf
der Straße seine Angreifer auch nicht aussuchen [oder einfach
ignorieren]". Grundsätzlich ist hier das Schutzgebet das Mittel
der Wahl. ER, der Sieger, der Stärkere (1.Joh.4.4) streitet für
uns (Jos.23,10), wir sollen uns nicht selbst rächen (Rö.12,19),
ER ist es, der die Angreifer nach ihrem Tun richtet (Offbg.
13,10). Wir beten also in der engsten Verbindung, Vertrauen
vollkommen und geben IHM Raum. Was ist mit Taten? Natürlich kann man bei sichtbaren Angriffen auch mal zur Polizei
oder zum Rechtsanwalt gehen, zumal uns Jesus ja auch durch
solche Personen helfen kann. Und bei unsichtbaren Angriffen?
Bei magischen oder elektromagnetischen Angriffen? Ich halte
die Einteilung von „weißer" und „schwarzer Magie" für höchst
problematisch. Man sollte sich auch nicht mit der sog. „weißen
Magie" beschäftigen. „Dagegen den Feigen und Ungläubigen,
den Unreinen und Mördern, den Unzüchtigen und Zauberern,
den Götzendienern und allen Lügnern soll ihr Teil in dem See
werden, der mit Feuer und Schwefel brennt: dies ist der zweite
Tod" (Offbg. 21,8). Tut man es dennoch, sollte man klar haben,
dass die Angreifer, die sich oft mit dunklen Kräften verbunden
haben, ziemlich mächtig sind. Und bei elektromagnetischen

Angriffen? Es ist sicher kein Fehler, sich hier Geräte zuzulegen, die vor Elektrosmog, vor 5G-Strahlung, vor WLAN etc. schützen können, was Räume sozusagen entstört. Bei großangelegten Angriffen auf ganze Bevölkerungsgruppen kommt mir das jedoch ein bisschen wie der „Kampf gegen Windmühlen" vor. Wir sind verletzlich. Ich möchte meine lieben Leserinnen und Leser aber darauf aufmerksam machen, dass wir etwas in uns haben, was unzerstörbar ist. Ich rede von der göttlichen Dreifaltigkeit:

„Dann weißt Du: unvergänglich ist
Der Geist, der einst das All gebar.
Das Ewige, des Daseins Grund,"
Vernichtet niemand, wer's auch sei."

„Den Geist verletzen Waffen nicht,
Den Geist verbrennt das Feuer nicht,
Den Geist ertränkt das Wasser nicht,
Und nie verweht der Geist im Wind."
Bhagavad Gita 2, 17.23

Sind wir nun immer mehr mit dem Göttlichen durchtränkt, wird sozusagen der Anteil immer größer, der weder magisch, noch mit elektromagnetischen Waffen noch sonst wie verletzt werden kann! Selbst wenn wir den physischen Leib verlassen. Esoteriker würden davon sprechen, dass wir immer höher schwingen. Der beste Schutz!

Und Milliarden von Menschen, die sich des Gottesfunkens in sich praktisch nicht bewusst sind, geschweige denn nach Joh. 1,12 gehandelt haben? Ich denke, dass auch sie Hilfe bekommen und zwar durch ein Ereignis, was zunächst mal Angst einflößen könnte: Ich rede von der „Apokalypse". Wie oben bereits

erwähnt, glaube ich, dass die Menschen „rote Linien" über-schritten haben, was zwangsläufig zu einem Einschreiten von „oben" führen wird!
Nur der vollständigkeitshalber sei auch noch das Kreuz er-wähnt, ein uraltes Schutzsymbol für Christen. Ein Stück Holz schützt nicht per se. Wichtig ist deshalb, es im richtigen Be-wusstsein zu verstehen, also als eine nonverbale Bitte um Schutz und als Vertrauensstärkung, wann immer man es sieht. Jesus ist der Retter, man nehme IHM nicht die Ehre.

4.2.3 Beharrlichkeit

Schließlich gilt es, beharrlich zu sein. Es geht um den quantitativen Aspekt. Man sollte nie aufgeben und abbrechen, wenn die „Gabe" auf sich warten lässt. Es wäre schade. Die meisten sind am Anfang mit Begeisterung dabei, doch je länger die Hilfe auf sich warten lässt, umso schwieriger wird es. Einst schon überwundene Zweifel schleichen sich wieder ein und man fängt wegen der scheinbar ausbleibenden Erhörung sogar an, zu schimpfen. Damit verun-möglicht man die Erhörung auf den letzten Metern! Auch Gosswei-ler spricht davon, dass viele Gebetserhörungen daran scheitern, weil der/die Beter/Beterin zu früh aufgibt. „Betet allezeit" (1.Thess.5,17). Natürlich können wir nicht vom Morgen bis zum Abend ein Gebet sprechen. Was wir aber allezeit machen können ist, Jesus in die Gegenwart zu nehmen (=immer etwas Bewusst-sein im Hara/ Herzen/ in uns haben) und damit verbunden das zu-versichtliche Vertrauen, dass ER die Seinen nie im Stich lässt.

Wir dürfen durchaus auch im Gebet darum bitten, dass unser Ge-bet selbst nach Form, Inhalt und in Sachen Beharrlichkeit korrekt ist. ER hilft auch, wenn wir nicht wissen, was und wie wir beten sollen.

4.3 Zubereitung

Was wird eigentlich „zubereitet", wenn wir uns „zubereiten" wollen, um dann einen Glauben zu haben, der rettet, von dem an verschiedenen Stellen die Rede ist: Mt.9,22, Mk.10,52, Lk.7,50, Lk.8,48, Lk.17,19, Lk.18,42. Man könnte von einer „gedanklich-emotionalen Verfasstheit" reden, die angestrebt wird. Hier sollten meine Leserinnen und Leser nun klar haben, dass ein Glaube im Sinne eines völligen Vertrauens auf Jesus eine wichtige Voraussetzung für die Hilfe ist. Nun ist es so, dass dieses Vertrauen aber nicht einfach auf Knopfdruck da ist, ganz besonders wenn man möglicherweise sogar ein Trauma erlitten hat. Was genau wird nun in den Voraussetzungen „zubereitet"?

Woher kommen die Gedanken, die in uns so aufsteigen? Sie kommen aus dem Unterbewusstsein. Wir haben etwas erlebt, was uns sehr beschäftigt und nun denkt man zwanghaft die ganze Zeit darüber nach, weil es uns eben ständig in den Sinn kommt, aus dem Unterbewusstsein aufsteigt. Andere Gedanken, gespeichert im Unterbewusstsein, kommen uns nicht direkt in den Sinn, können aber unser Verhalten auch beeinflussen. Wie kommen die Gedanken ins Unterbewusstsein hinein? Es gibt zwei Zugänge.

Zum einen gelangen sie über Erfahrungen, Erlebnisse im Außen, gefiltert durch unsere Sinne, ins Unterbewusstsein. Dort führen sie zu entsprechenden Gedanken und Gefühlen. Diese formen, wie gesagt, unser „Ich", was wiederum die „Persönlichkeit" hervorbringt. Hat ein Mensch viele Misserfolge erlebt, wird er ein „Ich", eine „Persönlichkeit", entwickeln, das/die sich z.B. durch wenig Selbstvertrauen und Furchtsamkeit auszeichnet. Ist dieses „Ich" sehr negativ geladen, kann sich das Leben nicht positiv entwickeln und zwar nicht in erster Linie wegen des „falschen Denkens" bzgl. eines Zieles, wie es die „positiven Denker" sagen würden, sondern in erster Linie wegen eines mangelhaften Vertrauens in Jesus. Es ist somit nicht unwichtig, welche Sinneseindrücke man im Außen aufnimmt, was besonders auch Menschen mit Fernseher aufhorchen lassen sollte. Man sollte sich ernstlich fragen, ob man überhaupt einen Fernseher braucht und wenn man schon einen hat, was man denn da so ansieht...

Doch dieses „Ich" ist wirklich eine Illusion, wie man manchmal liest, denn es sind nicht wir. Wenn wir aber nicht unser „Ich" sind, was sind wir dann? Und damit komme ich zum zweiten Zugang zum Unterbewusstsein.

Das Unterbewusstsein kann auch von unserem vernunftbegabten Bewusstsein, was ich mit der Seele gleichsetze, bearbeitet werden, sozusagen aus der anderen Richtung. Und Achtung: Natürlich wird dadurch nicht nur das „Ich" geformt. Letztlich beeinflussen Sinneseindrücke im Außen durch das „Ich" hindurch unsere Seele, während unser vernunftbegabtes Bewusstsein durch das „Ich" hindurch in gewissen Grenzen das Außen beeinflusst.
Aber zurück zum vernunftbegabten Bewusstsein. Während die Meisten keine Probleme damit haben anzuerkennen, dass Erlebnisse unser Unterbewusstsein prägen, wird die Existenz eines vernunftbegabten Bewusstseins „hinter" dem „Ich" oft geleugnet. Dies resultiert aus der faktischen Gleichsetzung, der „Identifikation", wie Tolle sagt, zwischen Bewusstsein und dem vom Unterbewusstsein geformten „Ich". Diese Gleichsetzung wird von vielen Wissenschaftlern leider sogar noch verstärkt. Fragen Sie mal einen Wissenschaftler, woher Gedanken und Gefühle kommen und Sie werden die Antwort erhalten, dass sie durch physiologische Vorgänge in irgendwelchen Gehirnarealen entstehen. Bewusstsein entsteht aus Materie? Was für ein Unsinn. Ich bestreite nicht, dass es tatsächlich so ist, dass Gedanken und Gefühle mit bestimmten biochemischen Prozessen im Gehirn korrespondieren. Aber die

Frage ist eben, ob diese Prozesse die Gedanken und Gefühle hervorbringen oder ob es gerade umgekehrt ist, dass nämlich Gedanken und Gefühle die Prozesse im Gehirn erst auslösen. Kann man denn die Existenz unseres vernunftbegabten Bewusstseins, unserer Seele, beweisen? Man kann sie nicht beweisen, man kann die Existenz der Seele nicht mit naturwissenschaftlichen Messmethoden nachweisen aber jedes Kind kann diese Existenz erkennen, wie Tolle erklärt: Man beobachte mal in einem ruhigen Moment, welche Gedanken da so aufsteigen. Dann bemerkt man, vielleicht zum ersten Mal bewusst, was da so aufsteigt aber man bemerkt noch etwas anderes und zwar sich selbst, das eigene Bewusstsein, was ich mit der Seele gleichsetze, was hier die Gedanken beobachtet und feststellt, dass es nicht identisch mit den Gedanken ist. Es ist also etwas „hinter" den Gedanken, etwas was beobachtet, etwas was messtechnisch nicht erfasst werden kann, das was wir wirklich sind. Man kann es aber in der unmittelbaren Erfahrung erschließen!

Wie ist in diesem Zusammenhang die Rolle von Gegenwärtigkeit? Wer gegenwärtig ist, trennt sich von der Vergangenheit. Dann können sich in der Vergangenheit gemachte negative Erfahrungen nicht mehr auf die Gegenwart auswirken. Es heißt, der „karmische Kreislauf" ist durchbrochen. Da man gleichzeitig Jesus nun den Raum zu helfen gibt, wir also dem Leben (Jesus, Joh.14,6) keinen Widerstand mehr entgegenbringen, beginnt das Leben für uns zu arbeiten und Dinge entwickeln sich plötzlich positiv, wie Tolle sagt. So ist Gegenwärtigkeit vermutlich die beste Maßnahme. Allerdings ist es nicht so einfach, konsequent in jeder sich bietenden Minute gegenwärtig zu sein. Immer wieder schleichen sich (oft negative) Gedanken ein, sodass die aktive Umgestaltung des Unterbewusstseins sicher für die meisten eine sinnvolle Ergänzung ist, wobei man umgekehrt durch das Gegenwärtigkeits-Training auch davon entbunden ist, zu fanatisch an seinen Gedanken arbeiten zu müssen!

Im Folgenden gehe ich auf die zwei Zugänge zu unserem Unterbewusstsein noch genauer ein, wobei ich mit der Zubereitung des Unterbewusstseins durch Worte und Bilder. beginne. Dann gehe ich auf die Bearbeitung des Unterbewusstseins durch Wissen und Erfahrungen ein. Dazu zählt auch die Beschäftigung mit Seinem Wort. Ich behandle in diesem Buch zwar nicht im Schwerpunkt Auslegungsfragen aber ich möchte das „Zubereitungskapitel" mit der Behandlung eines besonderen Gebotes beschließen; nicht zuletzt auch deshalb, um darauf hinzuweisen, dass auch Handlungen im äußeren Leben natürlich auf das Unterbewusstsein einwirken.

4.3.1 Zubereitung durch Worte und Bilder

Meine Leserinnen und Leser ahnen natürlich schon, dass wir uns hier auf das Feld des „positiven Denkens" bewegen. Deswegen ist es erforderlich, zunächst das folgende Kapitel einzuschieben, was zweierlei zeigt: Das „positive Denken" ist nicht uneingeschränkt positiv und es ist auch nicht identisch mit dem „richtigen Denken".

4.3.1.1 Richtiges Denken versus positives Denken

Selbstverständlich kann man nicht nur gegenwärtig sein. Man muss auch mal aktiv denken. Und selbstverständlich sollten Christen natürlich „richtig Denken", wenn sie denken; immer mit etwas Bewusstsein im Hara natürlich: Also nicht in Vergangenheit und Zukunft weilen, sondern immer im Jetzt, ggf. sich immer so fühlen, als hätte/wäre man schon und möglichst oft Gedanken denken, die auf das Göttliche gerichtet sind.

Das heißt zunächst einmal, dass z.B. eine Schülerin/ein Schüler bei der aktuellen Aufgabe im Unterricht ist und nicht schon mit den

Erhörung

Gedanken bei den Ferien, die am Nachmittag beginnen. Wir wissen nun, dass dies nicht nur der Lehrer will oder es gewisse Vorteile bei der nächsten Klassenarbeit bringt, sondern dass es schlicht auch darum geht, den gegenwärtigen Augenblick nicht abzulehnen. Wenn die Gedanken einfach etwas abdriften, könnte man von sinnlosen Gedanken sprechen. Doch je nachdem was man denkt, können sich auch schlechte Gedanken einschleichen, die sogar unmittelbar negative Auswirkungen haben können, wie folgende Geschichte zeigt, die ich vor vielen Jahren irgendwo mal las: Ein Elektriker führte eine Reparaturarbeit aus, langte aus Versehen an ein Starkstromkabel und war sofort Tod. Was war das Besondere an dieser Geschichte? Spätere Nachforschungen ergaben, dass gar kein Strom auf dem Kabel war. Der Elektriker dachte dies nur ganz fest... Genauso klar sollte es sein, sündhafte, sorgenvolle Gedanken zu vermeiden, wenn man eine Hilfe von Jesus möchte. Ganz besonders problematisch sind natürlich Gedanken/Gefühle des Zweifels. Hier gilt: „Wer da zweifelt, darf nicht erwarten, dass er etwas vom Herrn empfangen werde" (Jak.1,7 i. V. m. Vers 6). Es gilt 100%ig zu vertrauen. Nun ist es so, dass dieses Vertrauen nicht einfach auf Knopfdruck da ist. Das Gebet ist das Mittel der Wahl. Weitere Möglichkeiten wurden vorgestellt, wobei es in diesem Kapitel nun um die Bearbeitung des Unterbewusstseins mittels des „positiven Denkens" geht, um dieses Vertrauen zu generieren.

Ein anderer wichtiger Aspekt in diesem Zusammenhang betrifft Anfechtungen, Angriffe. Solche Angriffe können vielgestaltig sein. Man kann aber wohl sagen, dass Feinde immer unser Denken und Fühlen beeinflussen müssen, um uns zu Fall zu bringen. Wir erfahren zunächst mal Leid aber wenn wir weiter voll vertrauen und um Hilfe bitten, wird Hilfe kommen. Jedenfalls solange ein falsches Denken (und Fühlen, als körperliche Folge des Denkens, laut

Tolle) nicht ins Unterbewusstsein einsickert und dort als ein „negativer Glaubenssatz", wie ich es nenne, manifestiert. Was verstehe ich unter einem „negativen Glaubenssatz"? Wenn z.B. ein Mensch nach der zehnten Absage einer Bewerbung von sich denkt, sie/er sei nichts wert. Wenn das passiert, dann muss dies auf jeden Fall „behandelt" werden, entweder indem man diesen negativen Glaubenssatz ins Positive verwandelt oder indem man sich von diesem „negativen Glaubenssatz" einfach trennt. Nur dann kann Hilfe kommen, wenn man um Hilfe bittet. Immerhin ist unser Herr Jesus der Stärkere, der Sieger, der für uns streitet. Verfestigt sich angesichts einer fortdauernden Bedrohungslage jedoch das Gefühl, dass vielleicht der Feind doch mächtiger als Jesus sein könnte, haben wir verloren. Dann wird Jesus nicht helfen. Wir trauen IHM dann nämlich die Hilfe gar nicht zu. Wir vertrauen nicht vollkommen. Wir blicken auf die Not, die übergewaltig scheint und nicht auf Jesus, der doch der Stärkere, der Sieger, ist.

Ein Beispiel: Jemand arbeitet in einem prekären Beschäftigungsverhältnis und betet schon lange um eine bessere Stelle. Doch es will einfach keine Hilfe kommen. Das könnte an einem „negativen Glaubenssatz" liegen. Die Person hält sich bewusst oder unbewusst für unwürdig, eine bessere Arbeitsstelle zu haben, weil sie vielleicht von „Schuldgefühlen" geplagt wird. Sie/er will eigentlich gar keine bessere Arbeitsstelle, ganz egal was sie/er mit ihrem/seinem Verstand auch für ein Gebet formuliert. Ergo: Dieser „negative Glaubenssatz" muss umgewandelt werden, bevor an Erhörung zu denken ist. Das kann über unseren Verstand geschehen. Vielleicht könnte sich die Person klarmachen, dass Jesus doch alle Schuld vergibt, wenn einem die Sünde aufrichtig Leid tut und es zu einer Sinnesänderung kommt. Die Person, ganz egal ob Täter oder Opfer, Schuldgefühle können beide haben, könnte sich auch selbst vergeben. Natürlich ist das nicht das Gleiche, wie wenn Jesus uns unsere Schuld vergibt, sondern hier ist eher gemeint, dass wir uns selbst annehmen, akzeptieren, wie wir sind, mit all' unseren Schwächen, Fehlern, Makeln. In diesem Zusammenhang hört man auch von „Selbstliebe". Doch genauso wenig, wie wir uns über eine sehr unangenehme Arbeit künstlich freuen können, genauso wenig können wir uns künstlich selbst lieben, wenn wir, warum auch immer, eigentlich im Extremfall sogar „Abscheu" uns selbst gegenüber empfinden. Nein, es geht lediglich um das Annehmen der eigenen Person und selbst das kann noch ausgesprochen schwer sein, weshalb auch Selbstvergebung in vielen Fällen nur in der Kraft Christi möglich ist. Jedenfalls wird so der „negative Glaubenssatz" allmählich zu einem „positiven Selbstbild". Auch die Hilfe von Dritten, z.b. von Psychotherapeuten, sei erwähnt, um „negative Glaubenssätze" zu wandeln. Und in diesen Bereich zählt eben auch das „positive Denken".

Zusammengefasst: Wer das „positive Denken" einsetzt um das Unterbewusstsein von „negativen Glaubenssätzen" zu befreien, die der Erhörung durch Jesus entgegenstehen, um also „richtig" zu denken, setzt es richtig ein. Hierbei darf man natürlich auch Jesus direkt um Hilfe bitten. Aber würde ER dann nicht in unseren freien Willen eingreifen? „Negative Konditionierungen" sind nicht unser Wille. Sie beeinflussen nur unseren Willen. Und in diese „Beeinflussung" kann Jesus sehr wohl eingreifen. Wer das „positive Denken" hingegen einsetzt, um direkt irgendwelche Ziele zu erreichen, setzt es falsch ein. Darauf komme ich im Folgenden noch genauer zu sprechen. Es gibt eine Kausalität, aber nicht, wie es die Apologeten des „positiven Denkens" sagen, zwischen dem, was wir denken und fühlen und dem Sosein unserer Lebensumstände, sondern zwischen dem, was wir denken und fühlen und dem Grad der Erfüllung einer Voraussetzung! Es geht also nicht um eine „Ergebnisherbeizwingung", sondern um eine Voraussetzungserfüllung.

4.3.1.2 Speziell zum positiven Denken

Wie funktioniert nun das „positive Denken"? Das Grundprinzip lässt sich in wenigen Zeilen beschreiben. Man visualisiert eine Szene von einem gewünschten Zustand. Das kann man mit „Affirmationen" noch verstärken. Was sind „Affirmationen"? Es sind kurze, positiv formulierte Sätze die besagen, dass man schon „hat" oder „ist": „Ich habe die Arbeitsstelle". Man projiziert sich in die visualisierte Szene hinein. Man schaut also nicht von außen auf die Szene, so als ob man auf einen Bildschirm schaut, sondern man ist mitten drin. Man nimmt mit allen Sinnen wahr, z.B. den Wind auf den Wangen, das weiche Gras unter den Füßen usw. Je regelmäßiger man das über einen längeren Zeitraum macht, umso mehr wird diese Szene in der Realität Gestalt gewinnen, so die Lehre des „positiven Denkens". Wenn man visualisiert, visualisiert man möglichst kraftvoll, wobei das durch Entspannungszustände noch gesteigert werden kann. Schließlich vergesse man auch nicht im Alltag, sich so zu verhalten, als wäre/hätte man schon im Sichtbaren. Das ist alles.

Ganz abgesehen davon, dass unsere Gedanken nicht mehr so einfach wie vielleicht noch vor 50 Jahren zu kontrollieren sind, wenn man mal an die Verunreinigungen im „Äther" durch Handymasten u.a. denkt oder das natürlich auch finstere Mächte auf unser Denken einwirken können, gerade bei Menschen ohne göttlichen Schutz, sollen noch einige weitere Punkte zum „positiven Denken" kritisch angemerkt werden. Wie gesagt, das „positive Denken" richtig eingeordnet und angewandt hat durchaus einen Nutzen. Aber es wird eben meist nicht richtig eingeordnet, was dazu führt, dass oft unrealistische Erwartungen geweckt werden.

Richtig ist erstmal, dass sich unser Denken auf unsere Lebensumstände auswirkt. Ein erfolgreicher Unternehmer und ein Obdachloser haben niemals die gleiche Denkstruktur, denn Gedanken sind nicht „Luft". Es gibt viele Bibelstellen die das zeigen, u.a. 4.Mo.12,10, Mt.5,22 oder Mt.5,28. Sündige Gedanken sind Sünde und hier gilt Jes.59,1.2, dass Sünde eine Scheidewand zwischen uns und Gott bildet. Wenn also besonders bestimmte Glaubensrichtungen meinen, dass man so einen „esoterischen Kram" doch nicht bräuchte, so ist das schlicht falsch. Die Frage ist aber, ob es diesen „Kausalzusammenhang" gibt, den die „positiven Denker" ja unterstellen. Kann man also einen Sportwagen intensiv visualisieren und dann steht er irgendwann in der Garage? Die Antwort soll über die Auslegung von Mk.11,24, dem „Schlüsselvers" des „positiven Denkens", erfolgen. Dieser Vers lautet:

„…: Bei allem, was ihr im Gebet erbittet, - glaubt nur, dass ihr es (tatsächlich) empfangen habt, so wird es euch zuteilwerden."

Die „positiven Denker" setzen hier „glauben" mit „denken" gleich. In ihren Augen lautet dann der Vers:

„…: Bei allem, was ihr im Gebet erbittet, - denkt nur, dass ihr es (tatsächlich) empfangen habt, so wird es euch zuteilwerden".

Während der Glaube ganz auf Jesus abstellt, indem wir IHN zunächst einmal in uns aufnehmen (Joh. 1,12) und dann felsenfest darauf vertrauen, dass ER hilft, lenken die „positiven Denker" den Blick auf den Menschen und seine eigene Denkleistung. Das ist ein fundamentaler Unterschied mit gewaltigen Auswirkungen. Da die „positiven Denker" ein Ergebnis ihrer eigenen Leistung zuschreiben, nehmen sie unserem Herrn Jesus die Ehre. Sie bitten auch nicht um Hilfe, denn ihr eigenes Denken soll ja ein Ergebnis bringen aber es gilt natürlich Mt.7,7, dass wer nicht bittet, auch nicht empfängt. Schließlich, und das ist die gravierendste Auswirkung, bringen die „positiven Denker" Menschen von Jesus weg, denn wozu braucht man Jesus, wenn es doch nur auf das eigene Denken/Fühlen ankommt. Kurzgesagt: Ist ein Mensch von dem

„Geist des positiven Denkens" infiltriert, wird kaum Jesus das Gebet erhören. Es kann aber sein, dass der Feind „erhört", auch das gibt es, um Menschen vollends von Jesus wegzuziehen! Wenn ein Mensch tief in Sünden steckt und die tollsten Ergebnisse durch das „positive Denken" erreicht, sollte man dies mit Vorsicht betrachten. Aber vielleicht fragen immer noch einige meiner Leserinnen und Leser viel grundsätzlicher. Braucht man Jesus überhaupt oder reicht nicht doch unser Denken?

Damit komme ich auf den „Kausalzusammenhang", den die „positiven Denker" meinen, in diesen Bibelvers hereinlegen zu können. Die „positiven Denker" übersetzen MK. 11,24 nämlich so:

„...: Bei allem, was ihr im Gebet erbittet, - denkt nur, dass ihr A (tatsächlich) empfangen habt, so wird A euch zuteilwerden."

Diesen „Kausalzusammenhang" gibt es so aber nicht. Warum, wo sich die Lebensumstände doch definitiv in Abhängigkeit vom Denken ändern? Warum kommt dann unter Umständen der regelmäßig visualisierte Sportwagen nicht? Man kann ein „Ackerfeld" durch richtiges Denken bearbeiten aber man kann eben nicht wachsen lassen. Das kann nur Jesus! Etwas esoterisch formuliert könnten wir beim Denken vom Schaffen eines Frequenzraums sprechen, der nun Dinge ähnlicher Frequenz anzieht, es also ermöglicht, dass diese Dinge nun zu uns kommen. Man „zieht" an, was man „ausstrahlt". Man kann diese Dinge aber nicht im Vorfeld genau festlegen. Hierüber entscheidet Jesus. Wir sind für die Ausgestaltung dieses „Frequenzraums" verantwortlich, für das, was wir „aussäen", nicht aber für die „Ernte", um die sich Jesus dann kümmert. Natürlich hängt aber die „Ernte" von der „Aussaat" ab, die Hilfe hängt von unserem „Frequenzraum", von unserer Denkstruktur, von unserer geschafften Voraussetzung, ab. In diesem Zusammenhang habe ich mal gelesen, dass Menschen, die bei einer Lotterie gewannen, oft nach relativ kurzer Zeit wieder in ihren früheren

finanziellen Verhältnissen lebten. Hier haben wir das Gegenbei-
spiel. Wenn sich die Denkstruktur, der Frequenzraum, eben nicht
ändert, kann es zu keiner dauerhaften Änderung in den äußeren
Lebensumständen kommen.

Dazu möchte ich zwei Beispiele bringen: Denken wir zunächst an
die Stelle, wo ein Aussätziger zu Jesus kommt. Der Aussatz
könnte darauf hindeuten, dass der Aussätzige früher etwas falsch
gemacht hat. (vgl. dazu 4. Mose 12,10). Jetzt darf man davon aus-
gehen, dass er sich korrigiert hat, denn sonst würde Jesus nicht
helfen. Und was geschieht nun? Sagt der Aussätzige: „DU musst
mich jetzt zwangsläufig reinigen, denn ich sündige nicht mehr?"
Natürlich nicht! Vielmehr lauten seine Worte: „Wenn DU willst,
kannst DU mich reinigen." Der Aussätzige weiß, dass er mit seiner
Korrektur nur die Voraussetzung für eine mögliche Hilfe geschaffen hat. Ob die Hilfe kommt, hängt von Jesu Willen ab. Jesus entscheidet schnell, ER sieht ja sofort wie es um einen Menschen
steht. So sagt ER nun: „Ich will's, werde rein!" Es ist fundamental
wichtig, nachdem man die Voraussetzungen geschaffen hat und
auch sein Anliegen formuliert hat, dann um „Gnade" zu bitten.
Wenn man es nicht tut, ist nicht unser Herr Jesus beleidigt, ich
muss schmunzeln, aber wer nicht bittet, empfängt eben auch nicht
(vgl. Mt.7,7).
Und noch ein weiteres Beispiel. Ein Strafgefangener ist zu lebens-
langer Haft verurteilt. Eines Tages schreibt er einen Brief an den
Bundespräsidenten mit der Bitte um Begnadigung. Hier wurde
durch z.B. „gute Führung" und der artikulierten Bitte im Brief die
Voraussetzung für die Begnadigung geschaffen aber das führt natürlich nicht zwangsläufig zu seiner Freilassung. Ob er schließlich
begnadigt wird, entscheidet der Bundespräsident ganz alleine.
Kann man dann noch 100%ig vertrauen? Selbstverständlich! Jesus lässt die Seinen nie im Stich! Man muss eben unterscheiden

Erhörung

zwischen Jesus, dem man 100%ig vertrauen kann und einem speziellen Ergebnis, was tatsächlich nicht unbedingt kommt. Es kommt, wenn es kommen kann, das geeignetste, nicht unbedingt das erwartete und gewünschte Ergebnis! Auch über den Zeitpunkt der Hilfe bestimmt unser Herr Jesus natürlich alleine, wobei wir auch hier wissen dürfen, dass die Hilfe natürlich rechtzeitig kommen wird, wenn sie denn kommen soll. Einige „positive Denker" visualisieren nämlich auch schon mal ein Kalenderblatt bzgl. des Zeitpunkts.

Die „positiven Denker" machen aus Jesus im Grunde einen „Postboten", der eben zu liefern hat, was man durch seine eigene Denkleistung bestellt. So geht es natürlich nicht und wer es nicht glaubt, der mache seine eigenen Erfahrungen. Aber es sollte schon auffallen, dass es keineswegs an jeder Straßenecke kerngesunde Millionäre gibt, obwohl doch der Hype um das „positive Denken" bereits in den 80er Jahren begann!

Was ist aber nun mit dem Sportwagen? Er muss nicht kommen, gut, aber er könnte doch kommen, oder? Grundsätzlich gilt, dass die Gebetserhörung umso konkreter auf den Wunsch bezogen ausfallen wird, je spirituell höher entwickelt der Mensch ist der betet, weil die Gebetsanliegen immer göttlicherer Natur werden. Allerdings werden solche Menschen bestimmte Wünsche gar nicht mehr haben...

Ein weiterer Punkt: Es wird im „positiven Denken" auch nichts dazu gesagt, dass ja auch andere Menschen zur gleichen Angelegenheit so ihre eigenen, anderen Gedanken haben. Was, wenn der Mitbewerber um eine Arbeitsstelle auch mit dem „positiven Denken" arbeitet?

Und was passiert eigentlich mit den vielleicht über die Jahrzehnte hinweg gedachten negativen Gedanken? Sind die einfach weg, wenn man anfängt positiv zu denken?

Schließlich gilt es auch beim Thema „Entspannung" eine gewisse Vorsicht walten zu lassen. Ich rede dabei nicht von „normalen" Entspannungszuständen, in die jeder Mensch immer mal gerät. Man denke an den Zustand in den man kommt, wenn man längere Zeit dem Rauschen der Wellen am Meer lauscht oder wenn man länger vor einem knisternden Kamin sitzt oder man denke an das Hinübergleiten vom Wachbewusstsein in den Schlaf und umgekehrt. Ich rede von sehr tiefen Entspannungszuständen, die man z.b. durch das „Autogene Training" anstrebt. Natürlich hat man hier einen besonders unmittelbaren Zugriff auf das Unterbewusstsein. Leider gilt das auch für böse Geister. Es ist, als ob hier eine „Schutz-Schranke" immer mehr fällt oder durchlässiger wird, je tiefer die Entspannung ist. Nicht umsonst gehen sog. „Medien" erst in Trance, um „Kontakt aufzunehmen". Finger weg davon! Jedenfalls können in tiefen Entspannungszuständen auch gefährliche Geister in einen Menschen eindringen. Wer mit dem „positiven Denken" arbeiten will und richtig angewendet kann das durchaus einen gewissen Nutzen generieren, achte somit auf die Entspannungstiefe. Ein Vorschlag wäre die Verknüpfung vom „positiven Denken" mit Zazen, wo man zwar auch als Nebeneffekt entspannt aber gleichzeitig gesteigert präsent ist. Außerdem ist man im Zazen natürlich im Hara verankert, wo unser Herr Jesus ist, der uns beschützt.

4.3.2. Zubereitung durch Wissen und Erfahrung

Wahrgenommenes sickert also in unser Unterbewusstsein ein, konstruiert dort unser „Ich" und ist für im Gehirn aufsteigende Gedanken und Gefühle verantwortlich. Aber was nehmen wir wahr? „Wie wirklich ist die Wirklichkeit?", wie der Philosoph Precht formuliert? Ich sehe es ganz einfach. Natürlich filtern wir Wahrgenommenes mit unseren Sinnen. Es ist auch wahr, wie es Kant sagt, dass wir „das Ding an sich" nicht wahrnehmen können und z.B.

zwar eine andere Person aber nicht deren Seele sehen können. Ebenso ist es wahr, dass alles einem Wandel unterliegt. Der Holztisch von heute ist der Erdboden von Morgen. Trotzdem würde ich von einem real vorhandenen Außen sprechen. Nehmen wir an, ein Restaurantbesitzer stellt auf seine Terrasse einen Tisch. Dann ist der Tisch da. Ich kann links oder rechts vorbeilaufen aber ich kann ihn nicht ignorieren und versuchen, einfach „durchzulaufen". Blaue Flecken wären die Folge. Es ist ein bisschen wie bei dem Kinderspiel, wo sich Kinder, vielleicht an einem Lagerfeuer sitzend, eine Geschichte erzählen. Das erste Kind fängt an, dann folgt das nächste Kind, was seiner Fantasie freien Lauf lassen kann. Das nächste Kind hat nach den Regeln dieses Spiels lediglich zu beachten, dass es die durch das erste Kind gesetzten Angaben zu Personen, Gegenständen oder Ereignissen nicht abändert, sie also als gegeben nimmt. Was in der Welt ist, ist da, da im Hier und Jetzt, auch wenn wir es nur mit den Sinnen erfassen können, es einem Wandel unterliegt oder wir beispielsweise die Seele eines Menschen nicht unmittelbar erkennen können.[3] Wenn sich eine Seele mit der vereinigten Ei- und Samenzelle verbindet und dann in eine Familie hineingeboren wird, gibt es natürlich „Leitplanken", die als „objektiv gegeben" bezeichnet werden können. Ist die Familie arm oder reich? Herrscht gerade Krieg oder ist Frieden? Wer wirklich die „wahre Welt" aufspüren will, der mache es, wie Osho sagt: „Wenn der Geist still wird, wird die Welt wahr" (Osho in Polenski (2011: 7). Ob dieses Außen nun die wahre Wirklichkeit ist oder nicht, es ist jedenfalls die Wirklichkeit, die wir, so wie sie ist,

---

[3] Man kann aber das innere Wesen von einer Person, sogar von Bäumen und anderem in der Meditation erschließen. Einige Menschen sehen auch die Aura eines Wesens, was dann Rückschlüsse auf dessen „inneres Wesen" zulässt.

wahrnehmen und die somit über unsere Sinne in unser Unterbewusstsein einsickert, dieses prägt und damit letztlich wie gesagt
auch unser „Ich", unsere „Persönlichkeit", formt.

Man wächst im Glauben, in der Tiefe des Vertrauens zu Jesus,
auch durch gemachte Erfahrungen mit Jesus. Wer einmal in einer
Notlage, sei es direkt, sei es indirekt, Hilfe von Jesus erhalten hat,
wird im Glauben sehr stark wachsen. Diese „Zubereitung" erfolgt
über unsere Sinne, geht direkt ins Unterbewusstsein ein, wie alle
Sinneswahrnehmungen, und erreicht dann natürlich auch unser
Bewusstsein mit unserem Verstand. So können Menschen dann
z.B. kraftvoll Zeugnis ablegen von dem, was sie erlebt und erfahren haben. Es muss wohl nicht betont werden, dass dies der „nor-
male" Weg ist, denn unser Unterbewusstsein wird doch fast ausschließlich und ständig über das geformt, was an Sinneswahrnehmungen hineinkommt. „Fast" deshalb, weil da natürlich auch noch
das ist, was wir von den Altvorderen geerbt haben oder aus früheren Leben mitgebracht haben. Auf letzteres gehe ich zum Schluss
noch kurz ein. „Fast" auch deshalb, weil wir, wie gesagt, auch mittels unseres vernunftbegabten Bewusstseins, sozusagen aus der
entgegengesetzten Richtung unser Unterbewusstsein bearbeiten
können, was es ebenfalls formt.

Und dann wächst man im Glauben natürlich auch durch die Gene-
rierung von spirituellem Wissen, besonders durch die Beschäftigung mit SEINEM Wort. Wir können uns über unsere Sinne auch
die Bibel aneignen. Hier gibt es nach Gossweiler nicht weniger als
30000 Verheißungen, also Versprechen von Jesus an uns. Eine
beeindruckende Zahl, die alleine schon geeignet ist, unser Vertrauen in Jesus ziemlich zu steigern! Allerdings nehmen wir in der
Bibel auch Ge- und Verbote wahr. Diese darf man nicht einfach
ignorieren oder dagegen verstoßen, wenn man die Voraussetzungen erfüllen will. Es gibt zahlreiche Ge- und Verbote, die natürlich

zum Bereich der äußeren Lebensführung zählen und daher keinen zu großen Raum in diesem Buch erhalten sollen. Hier wende man sich an Auslegungsexperten...

Es gibt aber ein Gebot, was ich für so wichtig halte, dass ich hierauf doch näher eingehen möchte.

4.3.3 Ein besonderes Gebot

Problembeschreibung:

Viele Jugendliche (und nicht nur Jugendliche) haben in einer sexuell sehr aufgeheizten Welt mit ihrer Sexualität doch einige Mühe und der Feind kennt unsere Schwächen. Gleichzeitig warnt uns Paulus eindringlich: „Fliehet die Unzucht!..." (1.Kor.6,18). Man könnte das nun zur Kenntnis nehmen und diese Sünde eben einfach lassen. Doch das ist in diesem Fall nicht so einfach möglich. Nicht wenige Menschen haben das Gefühl, dass sie von ihrem Sexualtrieb beherrscht werden und es eben nicht so ist, wie es sein sollte, dass sie ihren Sexualtrieb kontrollieren. Man könnte einwenden, dass man es doch in der Kraft Christi sicherlich schafft. Das wäre tatsächlich so. Allerdings gibt es bei dieser Sünde ein Problem. Sie ist, wenigstens am Anfang, „süß", was dazu führt, dass viele Menschen diese Sünde im Grunde gar nicht meiden wollen. Selbst, wenn sie noch um Hilfe bitten, sie wollen es nicht wirklich. Wer aber nicht aufrichtig bittet, empfängt auch keine Hilfe. Und keine Hilfe hier bedeutet, dass man auch keine Hilfe im eigentlichen Gebetsanliegen hat. So kann man durchaus davon sprechen, dass viele Menschen in ihrer Sexualität gefangen sind. Übersetzt: Wer hier sündigt, geradezu zwanghaft sündigen muss, wird keine Erhörung irgendeines Gebetswunsches erhalten!

Der „kleine Energiekreislauf":

Hier möchte ich meinen Leserinnen und Lesern nun eine Methode an die Hand geben, die gut geeignet ist, dieses Problem anzugehen. Sie wurde im Westen vor allem durch Chia unter dem Namen

„Kleiner Energiekreislauf" bekannt. Das Grundprinzip ist ganz einfach. Es gibt im Körper zwei Hauptenergiebahnen. Eine verläuft die Wirbelsäule hinauf, die andere an der Vorderseite des Körpers hinunter. Beide bilden sozusagen einen Kreis. Wenn man es nun schafft, diese Energie in diesem Kreis (wieder) zum Fließen zu bringen, kann man in der Folge die Energie aus dem Genitalbereich in diese Kreisbahn einspeisen und so, etwas salopp formuliert, den „Druck aus dem Kessel" nehmen. Damit ist unser Wille nicht mehr so angegriffen. Dies bringt dann natürlich nur etwas, wenn man sich gleichzeitig der Gegenwärtigkeit befleißigt, weil man ansonsten, sobald wieder entsprechende Bilder im Kopf auftauchen, die Energie (unfreiwillig) wieder in den Genitalbereich bugsiert – und von vorne anfangen kann. Wenn man das dann erfolgreich schafft, kommt das, was bei jedem Problem immer kommen sollte, es wird mit kraftvoll-ungetrübtem Willen um Hilfe gebetet. ER ist es, der den Sieg schafft; nur gegen unseren eigenen Willen würde ER nicht tätig werden und unser Wille ist eben nicht unbedingt das, was wir sagen. Dies gilt natürlich bei allen Süchten. Will ein Alkoholiker wirklich keinen Alkohol mehr trinken oder sagt er das bloß?

Wie funktioniert nun die Methode des „Kleinen Energiekreislaufs"? Das kann hier nicht im Detail ausgeführt werden. Dieser „Nebenschauplatz" würde den Rahmen des Buches sprengen und es gilt Vieles zu beachten, was ich nicht einfach in einer Kurzfassung behandeln könnte. Man kann hier nämlich auch riskante Fehler machen. Ein Beispiel: Wem es gelingt, viel Energie die Wirbelsäule hinauf in den Kopf zu lenken, aber nicht willens oder in der Lage ist, die Energie in gleichem Maße an der Vorderseite des Körpers wieder hinunter zu lenken, könnte gravierende gesundheitliche Probleme bekommen, die unter dem Namen „Kundalini-Syndrom" bekannt sind. So kann ich hier wirklich nur auf das im Literaturverzeichnis angegebene Buch von Chia verweisen. Aber noch folgender Hinweis: Eigentlich ist der Bauchnabel Ausgangspunkt des „kleinen Energiekreislaufs". Es geht aber auch, nach Chia, der Hara, sodass KE recht gut zum bisher Gesagten anschlussfähig ist!

Sollen Gläubige im Zölibat leben?

Sie/Er kann, Sie/Er muss aber nicht, wie wir von Paulus wissen. Wer sich in einer, nun durch den „kleinen Energiekreislauf" ermöglichten, wirklich freien Willensentscheidung gegen das Zölibat entscheidet achte aber auf die „Grenze". Die Frage ist nämlich, wann dieser Bereich zur Sünde wird, die dann die Erhörung blockiert. Was ist die „Unzucht" vor der uns die Bibel warnt? Als Anhaltspunkt kann hier sicher gelten, dass „Unzucht" immer vorliegt, wenn Sex nur noch um des Sex selbst willen getrieben wird. Man prüfe seine Intension genau!

Christen/Schulmedizin und Energiearbeit:

„Energiearbeit" wird von vielen Christen abgelehnt. Aber warum? Ich kann hier nur spekulieren. Man kann diese Energie nicht sehen und so wird sofort etwas Okkultes vermutet. Hier könnte man sofort entgegenhalten, dass man die Seele doch auch nicht sehen kann. Dennoch würde kein Christ die Existenz der Seele bezweifeln! Wenn dann in Joh. 7,38 von „Strömen lebendigen Wassers" die Rede ist oder wenn unser Herr Jesus in Mk. 5,30 spürt, dass eine Kraft von ihm ausgegangen ist, könnte es sich um dieses Chi handeln. Bemerkenswert auch, dass „Ch" (gesprochen „Chi"(!)) die beiden Anfangsbuchstaben von Christus sind. Übrigens ist Chia Christ (vgl. Chia 2005:16).

Die Energiearbeit wird natürlich auch von der Schulmedizin abgelehnt. Hier kann das Phänomen der sogenannten „Phantomschmerzen" bei Gliedamputierten entgegenhalten werden. Die Erklärungen, die die Schulmedizin hier liefert muten schon etwas skurril an. Der Energiekörper des Menschen existiert auch bei einem fehlenden Körperteil eben weiter. Gehört der Energiekörper zur Seele, wie die Blutgefäße zum Körper? Wer weiß...

Ist es für Gläubige mit diesem Problem zwingend erforderlich, sich mit Energiearbeit zu beschäftigen?
Mit Energiearbeit nicht aber u.U. mit diesem Problem schon. Für alle, die sich mit dieser Methode aber wirklich schwertun, sei gesagt, dass Christen ja immer auch indirekt auf den Energiefluss einwirken. Wie das? Wenn ein Christ z.b. Angstzustände töten lässt (Rö. 8,13) und sich mit Liebe erfüllen lässt (Gal.5,22), beseitigt er/sie, ob er/sie sich dessen bewusst ist oder nicht, automatisch Blockaden im Energiefluss! Das bestätigt auch Tolle. Er sagt nämlich, dass das Nichtvergeben-können zu einem „stark eingeschränkten Fluss der Lebensenergie" (Tolle 2013: 146) führt. Heißt im Umkehrschluss: Wer seinen Feinden aufrichtig vergibt, stellt ebenfalls einen freien Lebensenergiefluss (wieder) her! Der „Kleine Energiekreislauf" ist eine unterstützende Maßnahme, die man ergänzend machen kann aber nicht machen muss. Wer schon zu den Fortgeschrittenen in Gegenwärtigkeit gehört, wird hier ebenfalls nicht mehr so viel Mühe haben, mit ungetrübtem Willen um Hilfe zu bitten. Wer allgemein unsicher ist, bete um Weisheit.

Persönliche Bemerkung zu dieser Methode:
Ich habe lange überlegt, ob ich diese Methode überhaupt in meinem Buch erwähnen soll, denn ich weiß natürlich, wie scharf diese Methode von vielen Christen abgelehnt wird und ich möchte natürlich nicht, dass dadurch das gesamte „EBZZT-Schema" in Misskredit gerät. Wer allerdings aufmerksam die Nachrichten verfolgt, der kann sich des Eindrucks nicht entziehen, dass viele Menschen hier wohl ein ziemlich großes Problem haben und das betrifft keineswegs nur „Weltmenschen". Deswegen habe ich es hier in aller

Kürze zumindest mal erwähnt. Die einen mögen hier ein wirksames Werkzeug bekommen, beim geschilderten Problem aber auch bei anderen gesundheitlichen Problemen, so auch gegen Viren…, die anderen mögen einfach das Kapitel vergessen.

4.4 Zazen/Gegenwärtigkeit

4.4.1 Bedeutung

Viele Bedeutungen von Gegenwärtigkeit wurden bereits genannt. Für uns ist natürlich entscheidend, dass Jesus nur wirken, helfen, antworten und retten kann, wenn ER dazu auch „Platz", „Raum" hat. Naja, und das ermöglichen wir IHM eben in Gegenwärtigkeit. Wie gesagt, es gibt ohne Gegenwärtigkeit keine Erhörung, denn wie soll ER wirken, wenn wir das Göttliche nicht zulassen?

4.4.2 Technik

Wenn man im Alltag gegenwärtig ist, bedeutet das, dass man nur beobachtet. Bei der Frage, was man beobachten kann, kann man sich ein Dreieck vorstellen, was ich deshalb mit „Gegenwärtigkeitsdreieck" bezeichne. An dessen Spitze stehen die Beobachtungen im Außen, also alles das, was wir mit unseren Sinnen wahrnehmen können, wobei natürlich für die Meisten die audiovisuellen Wahrnehmungen an erster Stelle stehen. Mit der Frage: „Was war das?", stoppen sofort alle anderen Gedanken. Auch auf die Stille zwischen den Geräuschen kann man achten, so Tolle. Dann kann man natürlich auf „Dinge" wie ganze Landschaften oder „Detailaufnahmen", z.B. eine Blüte achten. Die Leitfrage ist hier: „Was siehst du in diesem Moment?" Auch hier kann man auf den Raum zwischen den Dingen achten, worauf Tolle, wer sonst, hinweist. Wenn man hingegen seine Beobachtung nach innen in den Körper legt, kann man auf Empfindungen aller Art achten: Vom „Kribbeln" bis zu „Schmerzen". Und man kann auch den Emotionen nachspüren, z.B. „Zorn" oder „Angst". Wer beispielsweise unter Jähzorn leidet, wird eine große Hilfe erfahren, wenn sie/er es schafft, sich vom Zorn zu trennen, dieses Gefühl einfach nur zu beobachten. Leicht ist das freilich nicht. Am besten geeignet ist aber fraglos die Beobachtung im „Innen" von aufsteigenden Gedanken. Diese Trennung vom Denker eröffnet eine neue Bewusstseinsdimension, wie es Tolle sagt (vgl. Tolle: 2002: 19). Wenn wir die Gedanken beobachten, stoppen sie kurz. Und wenn sie wiederkommen? Es geht nie darum, aufsteigende Gedanken niederzukämpfen, was man nicht schaffen wird, sondern nur um die Trennung von diesen Gedanken, um die Nichtanhaftung, Nichtbewertung in Gegenwärtigkeit. Und die Atmung? Ich beginne im Zazen mit der Beobachtung der Atmung, wie es Dürckheim lehrt, um zur Ruhe zu kommen. Wer das längere Zeit schafft, ohne ins aktive Atmen zu wechseln, wird auch immer besser die Gedanken beobachten können, ohne ins aktive Denken zu wechseln. Aber hier hat natürlich jeder seine individuelle Vorgehensweise.

Und wenn man die Gegenwärtigkeit verloren hat? Wie schon gesagt, das Legen von etwas Bewusstsein in den Hara zu jeder Zeit an jedem Ort ist höchst bedeutsam. So sollte man auch beim Beobachten in sich verwurzelt sein. Wenn man am Ufer eines Sees anfängt, über die Probleme am Arbeitsplatz nachzugrübeln, weil einem diese Gedanken gerade in den Sinn kommen, hat man die Verwurzelung in sich verloren. Ergebnis ist, dass man sich später kaum noch an die Blumen am Ufer erinnern wird. Man geht also über einen Atemzug wieder mit einem Teil seines Bewusstseins in den Hara, um so wieder in Gegenwärtigkeit, den „Beobachtungsmodus", zu gelangen. Die Trennung von im Beispiel sorgenvollen Gedanken, das Lösen aus den Verstrickungen mit diesen Gedanken, ermöglicht dann wieder reine Beobachtung, egal ob man den Fokus nun auf die genannten Blumen oder, vielleicht auf einer Bank am Ufer sitzend, direkt auf die aufsteigenden Gedanken lenkt. Aber Vorsicht: Leicht ist man wieder mit den Gedanken verstrickt. Nicht aufgeben!

4.4.3 Geisteshaltung

Entscheidend ist, wie oben schon beim Hara geschildert, aber eigentlich bei allem, was man macht, das Bewusstsein, die Geisteshaltung, in der man etwas macht. Man ist also nicht einfach „technisch" gegenwärtig, genauso wenig, wie man einfach „technisch" im Hara ist, um auch längere Zeit gegenwärtig bleiben zu können. Wenn wir in Hara-Gegenwärtigkeit gehen, tun wir noch ein Zweites, denn wir tun dies in einer Haltung des „absichtslosen Abwartens", bereit jedes Ergebnis zu akzeptieren. Hingabe zu praktizieren, nichts zu bewerten, zu etikettieren, nicht anzuhaften, keinen Widerstand zu leisten. und die Worte aus dem „Vater unser": „Dein Wille geschehe", auch wirklich zu leben. Wir tun es aber auch in dem tiefen Vertrauen, dass unser Herr Jesus die Seinen nie im Stich lässt! Wer auf diese Weise gegenwärtig ist, fühlt sich dabei nicht gelangweilt oder gestresst, sondern es sollte schon irgendwie ein Gefühl der Freude vorhanden sein.

Und jetzt: Nicht nur über Gegenwärtigkeit reden, sondern gegenwärtig sein!

4.5 Taten/Werke

4.5.1 Allgemeine Taten/Werke

Bevor wir zu irgendwelchen Taten schreiten, ist es wichtig, erstmal das Sosein unserer Lebensumstände so zu akzeptieren, wie es ist. Auch wenn wir unter scheinbar unerträglichen Arbeitsbedingungen arbeiten, sind wir also mit voller Konzentration bei der Sache und leisten dem was ist keinen Widerstand. Tolle spricht hier von „Hingabe". Das bedeutet natürlich nicht, dass man eine Situation nicht ändern wollen darf. Der Kranke akzeptiert die Krankheit, sie/er möchte aber natürlich gesund werden.

Was gehört nun zu den „allgemeinen Taten/Werken"? Biblische Gebote, auf die man natürlich zu achten hat. Was auch immer du von Jesus möchtest, es wird nicht kommen, wenn du gegen biblische Gebote verstößt, wobei Jesus natürlich auch nachsichtig ist. Aber vorsätzlich sollte man auf keinen Fall sündigen. Wer z.B. im sexuellen Bereich einfach drauflos sündigt, wird keine Hilfe von Jesus erhalten. Ein weiteres Beispiel, was ich oben bereits nannte, ist Streit. Sofern es an uns liegt, sollten wir uns ggf. entschuldigen, dem anderen vergeben und die Aussöhnung anstreben, wobei, klar, die Aussöhnung nicht unbedingt möglich ist, denn das hängt ja auch von der anderen Person ab. Auf solche Dinge gilt es genau zu achten, sonst könnten diese Probleme und es gibt natürlich noch mehr, eine Hilfe von Jesus in einer völlig anderen Sache verunmöglichen. Dabei weise ich aber nochmals darauf hin, dass in der Bibel keineswegs die Gebote derart hart sind, wie manche Ausleger behaupten. Vergessen wir nicht: Gott ist Liebe!

Dann möchte ich auch als besonders wichtige allgemeine Tat noch den „Dank" nennen. Man sollte sich so viel wie möglich bei unserem Herrn Jesus bedanken. Warum? Nun, zunächst ist es natürlich ein Gebot der Höflichkeit. Wer sich nicht bei Jesus bedankt, nimmt IHM die Ehre. Doch es geht dabei nicht nur um Höflichkeit. In Lk. 17 wird eine Begebenheit geschildert, wo unser Herr Jesus 10 Aussätzige heilt. Einer kehrt später zurück, um sich zu bedanken. Da sagt Jesus etwas sehr Bemerkenswertes: „Dein Glaube [ausgedrückt durch den Dank] hat dir Rettung verschafft" (Lk. 17,19). Fehlt der Dank, ist eine erhaltene Hilfe also offenbar nicht von Dauer. Es ist auch wichtig, das „Hier und Jetzt", die Lebensumstände, so zu akzeptieren, wie sie sind. Auch dazu ist es unabdingbar, in jeder Lage Danke zu sagen (vgl. 1.Thess.5,18). Wer sich in vermeintlich negativen Lebensumständen nicht bedankt, nach dem Motto: „Wozu sollte ich mich bedanken?", bewertet, etikettiert das „Jetzt". Damit aber zeigt man, dass man eben nicht alles, sondern allenfalls das Schöne und Gute akzeptiert. Akzeptiert man aber nicht die jetzigen Lebensumstände zunächst mal wie sie sind, bringt man dem Leben selbst (Jesus Christus, vgl. Joh.14,6) Widerstand entgegen (vgl. Tolle). So wird Hilfe nicht kommen. Und dass man sich für das „Schöne" bedankt, z.B. dass man in Frieden leben darf oder dafür, dass man Hilfe erhalten hat, sollte selbstverständlich sein. Es hat erhebliche negative Konsequenzen, wenn man nach empfangener Hilfe unseren Herrn Jesus vergisst.

Natürlich hat man sich auch bei anderen Menschen, bei Bäumen, bei unsichtbaren Helfern, bei Schutzengeln, ... zu bedanken. Schutzengel? Wir leben in einer Welt der Dualität. Gibt es böse Mächte, die uns plagen können, so gibt es selbstverständlich auch gute Mächte, die uns helfen. Und wie immer bedankt man sich auch hier bei Jesus und den Helfern.

Der Dank an Jesus ist oberste Priorität. Logisch. Logisch? Viele Menschen sind dankbar für ein Dach über dem Kopf, für Nahrung, Kleidung, ihre robuste Gesundheit, ihre Kinder und vieles mehr. Sie bedanken sich „für" etwas. Wichtig ist aber auch das Bedanken „bei", nämlich „bei" Jesus Christus.

4.5.2 Spezielle Taten/Werke

Wer sich in eine ausweglose Lage manövriert hat oder wer vom Arzt die Diagnose „unheilbar" erhalten hat, kann natürlich nur die o.a. „allgemeinen Taten" tun. Ansonsten sollte z.b. derjenige, der Gesundheit möchte, ggf. auch mal eine Diät einhalten oder Sport/ Gymnastik betreiben oder es sollte sich derjenige, der eine Arbeitsstelle möchte, auch mal um die „Voraussetzungen", also die benötigten Qualifikationen und die Bitte um eine Arbeitsstelle durch Bewerbung und Gebet, kümmern. Aber es ist klar, dass man damit nur die Voraussetzungen schafft. Es ist also auch hier keineswegs zwangsläufig so, dass man dann auch die Stelle bekommt. Vielleicht gibt es hochqualifizierte Mitbewerber? Es gibt sehr viele verschiedene Wünsche/Ziele und damit natürlich auch sehr viele verschiedene spezielle Taten/Werke, die ich hier nicht alle aufzählen kann. Meist liegt es auf der Hand, was zu tun ist, manchmal ist das Gebet um Weisheit das Mittel der Wahl.

Interessant ist hier aber noch die Frage nach dem „Maß des eigenen Tuns". Wie viele Bewerbungen soll man denn schreiben? Nur eine oder sogar gar keine? Aber wäre das nicht „Gott versuchen"? Oder soll man gar 30 Bewerbungen schreiben? Ich meine nicht hintereinander, nach jeweils einer Absage, sondern alle auf einmal? Aber würde das nicht „mangelndes Gottvertrauen" zeigen? Logischerweise kann diese Frage nicht numerisch beantwortet werden nach dem Motto, dass weniger als 5 zu wenig und mehr als 10 zu viel sind. Es gilt, dass je mehr wir von Jesus durchwirkt werden desto mehr entfällt die Frage. Und natürlich kann hier das Gebet um Weisheit (vgl.1.Kor.1,30) weiterhelfen, eine Bitte, die unserem Herrn Jesus wohlgefällt (1.Kön.3,10).

Egal was man auch immer an Werken tut: Wichtig sind nicht die Werke selbst, solange sie nicht der Bibel widersprechen. Wichtig ist auch nicht vordergründig das Ergebnis. Wichtig ist immer, in welchem Bewusstsein man Werke tut.

Es macht tatsächlich nur wenig Sinn und führt bestenfalls zu symptomatischen Verbesserungen, wenn man z.b. für den Klimaschutz eintritt – ohne eine Veränderung im Bewusstsein der Menschen, ohne eine „Transformation des menschlichen Bewusstseins" (Tolle 2005: 31). So schreibt Tolle weiter: „Die Gestörtheit des menschlichen Egogeistes, ..., bedroht erstmalig das Überleben der Erde" (Tolle 2005: 31). Die Umweltzerstörung hat tatsächlich gewaltige Ausmaße angenommen, von einer dramatischen Klimaveränderung ist die Rede, obwohl bereits in den 80er Jahren Menschen für den Klimaschutz demonstriert haben (Stichwort: „saurer Regen"). Warum hat sich die Lage seit den 80er Jahren nicht nur nicht verbessert, sondern sogar verschlechtert? Weil es eben zu keiner gleichzeitigen Veränderung im kollektiven menschlichen Bewusstsein gekommen ist.

Abschließend möchte ich noch auf die speziellen Taten/Werke bei „Ungemach" eingehen, was in der heutigen Zeit nicht ganz unwichtig ist. Allgemein gilt: Je mächtiger der „Gegner", umso wichtiger die engste Verbindung mit Jesus. ER ist immer der Sieger. Gerade in diesen Zeiten gilt es, den Blick felsenfest auf Jesus (in uns) zu richten und auf keinen Fall auf den Feind, die Bedrohung oder uns selbst zu schauen. Lege jedenfalls immer etwas Bewusstsein in den Hara, wie eine Schwangere ja auch immer etwas Bewusstsein in ihrem Bauch bei ihrem Baby hat. Mache es so oft wie möglich, ob bei Bedrohungen oder im „normalen" Alltag. Nur mit Jesus konnten kleine Christengruppen in schlimmen Verfolgungen überleben.

Wichtig ist natürlich auch die Tat des Fürbittegebets für Menschen, von denen wir wissen, dass sie in Not sind.

Erhörung

Und wenn wir schon bei anderen sind: Hat man die Möglichkeit zur Gemeinschaft, erfährt man hier natürlich auch nochmals eine zusätzliche Stärkung in irgendwelchen Nöten.

Und „Taten" in Analogie zu den o.a. „Bewerbungen"? Das kann nur situativ entschieden werden. Grundsätzlich, etwas theoretisch, gilt vielleicht: So viel wie nötig machen, um eine Gefahrenlage abzuwehren aber so wenig wie möglich dem Angreifer schaden. Auch „gewaltfreier Widerstand" kann als Tat in einer Bedrohungslage sinnvoll und richtig sein. Zu beachten ist hier allerdings die Grenze zwischen Gehorsam und Widerstand. So hatten sich Arbeiter im 19. Jahrhundert einem Fabrikbesitzer unterzuordnen, weil dieser schließlich die Obrigkeit sei. Wenn die Arbeiter hier aufbegehrten, sündigten sie gegen die Bibel, gleichbedeutend gegen Gott und das hieß natürlich, dass sie göttliche Strafe erwartete. In gleicher Weise wurden viele Christen im Dritten Reich auf Linie gebracht. Die Nazis waren schließlich die Obrigkeit, denen man gehorchen musste. Nicht wegen den Nazis, sondern weil es die Bibel angeblich so sagt. Auf diese Weise wurde die Bibel zu einem Machtinstrument. Ich möchte in diesem Buch eher den Schwerpunkt auf den inneren Weg legen und hier geht es natürlich um Auslegungen für die äußere Lebensführung aber so viel sei doch gesagt: Wenn in Rö. 13,1 davon die Rede ist, dass es keine Obrigkeit gibt, ohne von Gott bestellt zu sein, heißt das natürlich nicht, dass jede Obrigkeit von Gott bestellt wurde, sondern dass nur die „wahrhafte" Obrigkeit von Gott bestellt ist. Die andere Obrigkeit ist nicht von Gott bestellt. Hier könnten z.B. böse Mächte die Verantwortlichen „geentert" haben oder die Bevölkerung hat durch bestimmte kollektive Denkstrukturen so ein Regime „angezogen". Ein totalitäres Regime ist jedenfalls nicht von Gott bestellt. Damit habe ich nicht gesagt, dass man überhaupt nicht gehorsam sein soll aber die Bibel lehrt auf keinen Fall „blinden Gehorsam".

Erhörung

Manchmal ist das Gebot des Widerstands eindeutig, z.b. bei bestimmten Maßnahmen von Regierungen... Manchmal ist der Verlauf der Grenze zwischen Gehorsam und Widerstand aber durchaus knifflig. Im Rahmen dieses Buches soll das aber nicht vertieft werden. Die „Glaubensmedaille" hat zwei Seiten: „Äußere Lebensführung" und „innerer Weg" und es ist klar, dass die genannte Fragestellung zur „äußeren Lebensführung" zählt, während in diesem Buch ja der Schwerpunkt auf dem „inneren Weg" liegen soll. Offengestanden habe ich hier auch nicht immer eine Antwort parat. Wer hier Fragen hat, der wende sich z.b. an eine Pastorin/einen Pastor, der/dem man vertraut. Das Gebet um Weisheit ist natürlich auch hier das Mittel der Wahl.

Man vergesse als weitere „Tat" in Bedrohungslagen auch die Vergebung nicht, wobei klar ist, dass bei schweren Angriffen dies nicht in eigener, sondern nur in der Kraft Christi geht, denn ich rede hier nicht von einem Lippenbekenntnis, sondern von echter Vergebung. Es gibt nun Menschen, die halten das Nicht-vergeben-können für einen Punkt unter vielen im Glaubensleben. Sie geben offen zu, dass sie nicht vergeben können/wollen bei dem, was ihnen angetan wurde aber ansonsten würden sie ja doch schon vieles richtig machen. Deshalb möchte ich an dieser Stelle kurz auf die große Bedeutung von Vergebung eingehen. Es ist nämlich so, dass das Nicht-vergeben-können zur Folge hat, dass wir schlussendlich keine Gebetserhörung haben werden. Ist das so? Wer das „Vater unser" aufmerksam betet (und nicht nur auswendig runterleiert), der kommt zu folgenden Zeilen: „Und vergib uns unsere Schuld, wie auch wir vergeben unseren Schuldigern" (Mt.6,12). Will heißen: Nur wenn wir unseren Schuldigern vergeben haben (ggf. in der Kraft Christi), wird auch uns vergeben werden! Lies dazu auch das Gleichnis in Mt.18,21-35! Wenn wir aber nicht vergeben, wird auch uns nicht vergeben werden. Dann sind wir nicht gereinigt von unseren Sünden im Blute Christi. Diese Sünden bilden dann eine Scheidewand zwischen uns und unserem Gott, so dass ER nicht erhört (vgl. Jes.59,1.2). Was zählt zur Vergebung? Wir vergeben denen, die uns etwas angetan haben, wir bitten um Vergebung, für das, was wir möglicherweise anderen angetan haben, wir vergeben uns selbst und schließlich bitten wir unseren Herrn Jesus um die Vergebung/Reinigung von allen unseren Sünden. Natürlich können wir trotzdem Maßnahmen ergreifen, falls Angriffe weitergehen, z.b. in Form des Gangs zur Polizei oder zum Rechtsanwalt, wobei das Schutzgebet natürlich das Mittel der Wahl ist.

Echte Vergebung ist jedenfalls nicht leicht. Natürlich kann man versuchen, schlimmen Erfahrungen besonders schöne Erfahrungen entgegenzustellen aber ich denke, dass gerade bei schlimmen Vorfällen echte Vergebung nur in der Kraft Christi möglich ist.

Prinz Charles weist in seinem sehr empfehlenswerten Buch „Harmonie" jedenfalls in besonderer Weise darauf hin, dass, wie in einem feinmechanischen Räderwerk, wie in einem Uhrwerk, alles mit allem zusammenhängt, so auch äußeres Tun und inneres Bewusstsein, eben äußere Lebensführung und innerer Weg!

5 Nachwort

Der Autor hat hier einen schweren Kampf über Jahre führen müssen. Ergebnis ist das vorliegende Buch. Besonders wichtig, weil ich hier selbst einen großen Fehler gemacht habe, war es mir herauszuarbeiten, dass ER natürlich nicht helfen muss im Sinne einer Kausalität: „Wenn ich das und das mache, erreiche ich das und das." Die Hilfe ist ein reiner Gnadenakt, es gibt hier keinen Kausalzusammenhang. Das gilt sogar für Gnade selbst. Jesus entscheidet ganz allein, ob, wie und wann (Zeitpunkt) die Hilfe kommt. Natürlich kann es sein, dass, wenn die Voraussetzungen stimmen, die Hilfe kommt. Wer zum Beispiel Barmherzigkeit übt, handelt Gott wohlgefällig. Wenn dann Hilfe kommt, kommt sie aber nicht aufgrund unserer „guten Werke", sondern allein aus Gnade. Es kann auch sein, dass, wenn die Voraussetzungen nicht stimmen, die Hilfe nicht kommt. Aber es kann eben auch sein, dass die Hilfe nicht kommt, obwohl soweit alles stimmt, siehe z.B. „Boxer-Beispiel" oben oder die Hilfe kommt, obwohl die Voraussetzungen nicht stimmen, wenn z.B. jemand eigentlich sterben müsste aber er/sie noch eine Chance zur Umkehr bekommen soll! Es gibt aber einen Fehler, der auf jeden Fall die Hilfe verunmöglicht. Meine Leserinnen und Leser werden sofort an die „Todsünde" (s.o.) denken. Logisch, dass hier keine Erhörung kommt. Ich meine aber eine Sünde, die keineswegs zum „Tode" führt, die aber auch eine Erhörung völlig blockiert. Ein mächtiger Feind? Kein Feind ist stärker als Jesus. Gefährlich wird es für uns dann, wenn wir selbst es sind, die unserem Wunsch entgegenstehen. Es gilt also, Sünde möglichst zu vermeiden und ggf. Jesus um Vergebung der Sünden zu bitten. Logisch. Es ist nach der Lektüre dieses Buches natürlich auch allen Leserinnen und Lesern klar, dass wir nicht dem „Geist des positiven Denkens" uneingeschränkt anhängen dürfen. Aber ganz besonders gilt es aufzupassen, dass wir nicht aufgrund von Sünden oder schlimmen Erlebnissen Schuldgefühle entwickeln, die dann über die Zeit zu „negativen Glaubenssätzen" führen, was wiederum zu einem „negativen Selbstbild" führt. Wenn es dazu kommt, muss man den „negativen Glaubenssatz" beseitigen und das wird häufig nur in der Kraft unseres Herrn Jesus funktionieren. Tut man es nicht, werden wir z.b. keine Gesundheit erhalten, wenn wir darum beten, weil wir verinnerlicht haben, dass wir es nicht verdienen. Auch bei Süchten gilt es aufzupassen, dass wir wirklich auch wollen, was wir wollen.

In diesem Buch ging es mir um die Voraussetzungen für erhörliche Gebete. Es ist schon so, dass i.d.R. irgendeine Hilfe kommt, wenn die Voraussetzungen stimmen und zwar immer rechtzeitig (Mt. 14,31). ER lässt die Seinen nie im Stich! Jesus hilft, wirkt, antwortet und rettet auch heute noch real, wie vor 2000 Jahren. Dann war mein Anliegen, dass meine Leserinnen und Leser Jesus Christus so liebgewinnen sollen, wie er mir lieb ist. Und schließlich ging es mir darum aufzuzeigen, welche Kräfte im Worte Gottes verborgen sind. Es handelt sich keineswegs nur um ein Märchen, dass irgendwelche ethischen Aspekte thematisiert; als Gesprächsgrundlage in Schulklassen oder Selbsthilfegruppen. Das Wort Gottes ist eine reale Kraft! Vielleicht sollten die Pfarrerinnen/Pfarrer im Hinblick auf ihren Mitgliederschwund in Zukunft mehr über diese Kraft sprechen, als immer ununterscheidbarer von irgendwelchen Sozialpolitikern zu werden oder in der Seelsorge immer ununterscheidbarer von irgendwelchen Psychologen.

Wann kommt die Hilfe? In der Tendenz kommt sie bei Kindern wohl schneller. Sie haben oft noch ein Urvertrauen, sind auch noch nicht so „naturwissenschaftlich sozialisiert", also von der Ratio dominiert, und haben auch noch nicht so viele negative Erfahrungen im Leben gemacht. Ansonsten kommt es uns nicht zu, irgendwelche Zeiten und Fristen zu kennen (vgl. Apg. 1,7).

Erhörung

Kann die Hilfe sogar erst im nächsten Leben kommen? Ich möchte mich noch kurz zur sog. „Reinkarnationslehre" äußern, denn das ist im Zusammenhang mit dem Thema nicht unwichtig, wenn es sie gibt. Menschen, die selig wurden, werden sicher nicht noch einmal auf die „Tartanbahn des Lebens" zurückgeworfen. Sie haben sozusagen den „karmischen Kreislauf" durchbrochen. Menschen, die keine Chance hatten, deren Lebensumstände eine gesunde spirituelle Entwicklung, warum auch immer, nicht zuließen oder die sich auch selbst diesem Weg verschlossen, bekommen sicher noch weitere Chancen, weitere Leben. Die Argumentation, dass diese Menschen gerettet werden könnten, wenn sich nur andere Menschen mit Fürbitte für sie finden, befriedigt mich nicht. Ich kann mir nicht vorstellen, dass sie umgekehrt einfach „Pech" gehabt haben, wenn leider nur Atheisten in deren unmittelbaren Umfeld lebten. Auch die Bibel bestätigt die „Ein-Leben-Lehre" nicht per se. Die Bibel gibt uns ja sogar ein Beispiel für die Wiederkunft einer Seele: Der Prophet Elia reinkarnierte als Johannes der Täufer. Und einige Berichte, wonach sich Menschen, gerade auch Kinder, genauer deren Seelen, an ihre früheren Leben erinnern konnten, sind durchaus glaubwürdig.

Allerdings gibt es einen „Point of no return" im Weltenplan. Nur so ist einerseits die „Strafe ewigen Feuers" (vgl. Jud. 7) erklärlich, wie andrerseits das „ewige Heil" (vgl. Hebr. 5,9). Irgendwann ist eben der Abgabetermin einer Hausarbeit. Danach kann man nicht mehr etwas einfügen, ändern oder streichen. So wie die Hausarbeit zum Abgabezeitpunkt ist, wird sie beurteilt werden.

Aber klar ist, dass es Wiedergeburten gibt. Könnte man also eine Gebetserhörung, eine Hilfe in einer schwierigen Situation, erst im nächsten Leben bekommen, weil man diese Situation in diesem Leben nicht bewältigt hat? Das denke ich tatsächlich.

Gibt es für diese Sichtweise eine Bestätigung?

Erhörung

„Die Wesen in den Welten all‘
Selbst bis zum Himmel, sind gebannt
An das Gesetz der Wiederkehr.
Doch frei davon ist, wer mich (Jesus) fand;"
Bhagavad Gita 8,16

Ich möchte meinen lieben Leserinnen und Leser auch darauf aufmerksam machen, dass die Reinkarnationslehre keineswegs nie einen Platz im Christentum hatte. Erst im 6. Jahrhundert wurde sie aus der christlichen Lehre ausgeschlossen...

Doch ist die Frage nach der Reinkarnation, nach weiteren Leben, überhaupt wichtig? Muho sagt es so: „Wir machen uns Sorgen um das, was nach dem Tod kommen könnte und vergessen dabei, das Leben zu leben, solange wir es haben...Es gibt [nämlich] ein Leben vor dem Tod" (Muho 2016: 15). Allerdings ist zu bedenken, dass, wenn es frühere Leben gibt, es ggf. auch „karmische Verstrickungen" gibt. Vieles ist hier denkbar. Im Grunde prägen uns Erlebnisse aus früheren Leben, wie in diesem Leben. Ich möchte hier beispielhaft kurz auf „Gelübde" eingehen, etwas, was in vergangenen Jahrhunderten nicht unüblich war. Wer im Kloster seinerzeit ein „Armutsgelübde" abgelegt hat, der darf sich nicht wundern, wenn er in diesem Leben zwar in vielerlei Hinsicht Gebetserhörungen hat – aber „merkwürdigerweise" seine chronischen Geldsorgen nicht loswird. Beim längeren Ausbleiben der Erhörung eines Gebetswunsches gilt es deshalb, auch mal in dieser Richtung zu forschen. Auch die bereits thematisierte Ahnenreihe gehört in diesen Kontext. Es kann eben auch in diesem Leben zu Problemen kommen, wenn beispielsweise eine Urur...-Großmutter mit Amuletten rumhantiert hat oder ein Urur...-Großvater in einem der zahlreichen Kriege, sich hat etwas zuschulden kommen lassen. Hier sollte man um Weisheit bzgl. der Ursachen und der Maßnahmen beten, wobei Traumarbeit hilfreich sein kann.

Erhörung

Zum Schluss: Es war in diesem Buch viel von Erhörung und damit natürlich vom Bitten und Wünschen die Rede. Ich wies bereits im Vorwort darauf hin, man könnte also sagen, dass sich nun ein „Kreis" schließt, dass diese Bitten in ein größeres Ziel zu integrieren sind. Was ist das höchste Ziel im Christentum? Wenn man heute Christen dazu befragen würde, würden die einen Antworten, dass man leichter durchs Leben kommt, denn man hat auf diese Weise einen Tröster, einen Heiler, Schutz usw. Das stimmt natürlich, doch wird damit Jesus auf einen Seelsorger, einen Arzt/ Heilpraktiker oder auf einen Bodyguard reduziert. Andere dünken sich weiter und betonen die Belohnung, die ihnen zuteilwird, wenn sie ihren Leib einst verlassen. Auch das stimmt. Doch damit reduzieren sie unseren Herrn Jesus auf einen Unternehmer, der seinen Mitarbeitern für gute Leistungen Prämien zahlt. Was aber ist das höchste Ziel? In 1. Thess. 4,17 lesen wir: „…und alsdann werden wir allezeit (=für immer) mit dem Herrn vereinigt sein." (Wiedervereinigung). In Joh. 10,28 lesen wir: „und ich gebe ihnen ewiges Leben, und sie werden in alle Ewigkeit nicht umkommen (oder: verloren gehen), und niemand wird sie meiner Hand entreißen" (Unsterblichkeit). Die höchsten Ziele sind also Wiedervereinigung und Unsterblichkeit. Übrigens wird die Wiedervereinigung mit Gott so vollumfassend sein, dass selbst Jesus Christus sich Gott dem Vater unterwerfen wird, (1. Kor.15, 27.28)! Ob danach ein neuer Kreislauf beginnt? Wer kann das schon sagen…

Erhörung

Der Autor freut sich über jede Art von Feedback, über Erfahrungsberichte, sowie über Anmerkungen, Verbesserungen, solange es um Erkenntnisgewinn geht und sachlich bleibt. Wir sind doch schließlich alle „Wanderinnen und Wanderer auf dem Weg".

Jetzt wünsche ich meinen lieben Leserinnen und Lesern von Herzen viele Erfahrungen mit unserem Herrn Jesus und viel Gnade! Ich danke allen, die mich bei diesem Buchprojekt unterstützt haben.

Literaturverzeichnis

Die Heilige Schrift: In der Übersetzung von Menge, H. (1994). 12. durchgesehene Auflage, Stuttgart: Deutsche Bibelgesellschaft.

Jubiläumsbibel (1937): Stuttgarter Jubiläumsbibel mit erklärenden Anmerkungen. Die Bibel oder ganze Heilige Schrift des Alten und Neuen Testaments nach der deutschen Übersetzung D. Martin Luthers. Neu durchgesehen nach dem vom Deutschen Evangelischen Kirchenausschuss genehmigten Text, Stuttgart: Privileg. Würrtemb. Bibelanstalt.

Laotse (2010): Tao Te King. Das Buch vom Lauf des Lebens. Neuausgabe, München: O.W.Barth.

Bhagavad Gita (1984): Das hohe Lied der Tat. Erläuterungen von K.O.Schmidt.4.Auflage,München,Engelberg/ Schweiz: Drei Eichen.

(HRH Prinz) Charles, the Prince of Wales (2010): Harmonie. Eine neue Sicht unserer Welt.1.Auflage, München: Riemann.

Cheng, F. (2018): Über die Schönheit der Seele. Sieben Briefe an eine wiedergefundene Freundin. München: C.H.Beck.

Chia, M. (2005): Tao Yoga. Praxisbuch zur Erweckung der heilenden Urkraft Chi. 4. Auflage, München: Heyne.

(Graf) Dürckheim, K. (2012, a): Hara. Die energetische Mitte des Menschen. Neuausgabe, München: O. W. Barth.

(Graf) Dürckheim, K. (2012, b): Der Alltag als Übung. Vom Weg zur Verwandlung. 11. Auflage, Bern: Hans Huber.

Gossweiler, A. (?): Rundbriefmappe. Auszüge: Was heißt glauben? (RB 15), Ist die Kindertaufe biblisch? (RB 19), Von der Herrlichkeit des Blutes Jesu! (RB 1), Die Zeiten dieser Welt in biblischer Sicht. (RB 7), Gerichte der Letztzeit (RB 11), Die Wichtigkeit des Gebets (RB 18), Gebetshindernisse (RB 14), Aufgabe, Bedeutung und Ziel des Heiligen Geistes (1. Teil, RB 46), Aufgabe, Bedeutung und Ziel des Heiligen Geistes (2. Teil, RB 47), Gemeinschaft mit Christus Jesus durch das Heilige Abendmahl (RB 36). Hohfluh-Hasliberg: Schweizerische Glaubensmission.

Gossweiler, A. (?, b): „Wer ist Jesus Christus?". Hohfluh-Hasliberg: Schweizerische Glaubensmission.

Muho (2016): Ein Regentropfen kehrt ins Meer zurück. Warum wir uns vor dem Tod nicht fürchten müssen. 3. Auflage, München, Berlin: berlin.

Niimura, Y. (2013): ZEN-Geschichten alter Meister. Freiburg im Breisgau: Herder.

Polenski, H. (2011): Hör auf zu denken-sei einfach glücklich! München: O.W. Barth.

Precht, R., D. (2015): Erkenne die Welt. Eine Geschichte der Philosophie. 3. Auflage, München: Goldmann.

Sudbrack, J. (2014): Das wahre Wort der Ewigkeit. Die Mystik Meister Eckharts. Kevelaer: topos.

Tolle, E. (2013): Jetzt! Die Kraft der Gegenwart. 5.Auflage, Bielefeld: Kamphausen.

Tolle, E. (2002): Leben im Jetzt. Lehren, Übungen und Meditationen aus „The Power of Now". 14. Auflage, München: Arkana

Tolle, E. (2005): Eine neue Erde. Bewusstseinssprung anstelle von Selbstzerstörung. 15. Auflage, München: Arkana

Weischedel, W. (2012): Die philosophische Hintertreppe. Die großen Philosophen in Alltag und Denken. 40. Auflage, München: dtv.

Erhörung

*„Wenn der Mond hoch steht,
verschwinden die Schatten der Burg"
(Dürckheim 2012, a: 238)*

*„…und ewig weht das Gras im Wind, wie die Blätter eines alten
Lindenbaumes vor einem alten Bauernhaus." (Autor)*

Andreas Blask
Neuauflage Herbst 2022

*Dankbar sein, für alles! Dir sei Lobpreis, Ehre,
Herrlichkeit und Macht in alle Ewigkeit und
Unendlichkeit!*